CALM
WORD SEARCH
PUZZLES
LARGE PRINT

pil.

Publications International, Ltd.

Let's get social!

 @Publications_International

 @PublicationsInternational

 @BrainGames.TM
www.pilbooks.com

Keep Calm and Solve Word Searches

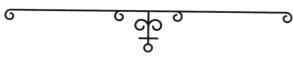

Take a mental break and enjoy solving 84 word searches with **Brain Games® Calm Word Search Puzzles: Large Print**. Solve engaging puzzles about topics such as mindfulness, tea, nature, baking, journaling, and many more. Text is enlarged and grids are enlarged, with puzzles spread across two pages for ease of reading, so there's no need to strain your eyes—just sit back and have fun!

The puzzles follow the familiar format: Every word listed is contained within the letter grid. Words in the list can be found in a straight line horizontally, vertically, or diagonally. Words may read either forward or backward. If you need a hint, answers are found in the back of the book. One of the most popular ways to tackle a word search is to isolate a letter, scan the lines to find an instance of the letter, then scan the adjoining letters to see if the word can be formed. There are a couple different ways to do this, and puzzle enthusiasts are split on whether it's more helpful to focus on the first letter of the word or on an uncommon letter. Experimentation can help you determine the strategy that works best for you. Likewise, searching for double letters can assist in pinpointing a location.

Ready to relax? Grab a pencil, turn the page, and get started!

"Q" WORDS

QUADRATIC

QUADRICEPS

QUADRIVIUM

QUANTIFY

QUANTITY

QUARANTINE

QUARREL

QUARTERLY

QUATERNARY

QUERULOUS

QUESADILLA

QUICKSAND

QUILL

QUINACRINE

QUINIDINE

QUINTILE

QUINTUPLET

QUIZMASTER

QUIZZICAL

QUOTA

```
G Q U I N I D I N E L Y M M F
V Z T E X R E T S A M Z I U Q
E K E N H Q U A R R E L H I S
A L L I D A S E U Q Q A S V P
D Q P T P E A T O U Q C Z I E
V U U N M P J E I U D I A R C
Q A T A Q A H L I Q N Z B D I
U D N R T U L N U O Q Z Q A R
I R I A R E A E O U G I U U D
C A U U O C R R I A K U A Q A
K T Q Q R U D N T E J Q N Z U
S I R I L A T E A E E F T I Q
A C N O U I I Y W R R J I Z B
N E U Q L I J I S O Y L T U W
D S X E Q U A N T I F Y Y A K
```

Answers on page 172.

POCKET WATCH

ACCURATE

CHAIN

DIAL

FACE

GEARS

HANDS

HOURS

MINUTES

POCKET

PRESENT

ROUND

SECONDS

SNAP

SPRINGS

TIME

WIND

```
S I S I F X Z D E M W T W T K S
D V T R I C G Q H C H K E O G Z
N K E N H D S O U H X X W N W X
O G I E E N L H A Z F A I N M V
C S Z U A S D M A O L R E P X O
E P T P E O E N M N P I O V M Z
S A W I G W J R U S D C G N P G
C E C N M W M N P O K S I J I B
M D T C U E I R H E R E Y L C S
E N G D U A E J T G K W J N Y K
C I E R H R B C D R O Y K I C S
N W A C C P A D F B G L S L E T
F Z R L A I D T L H O U R S D B
R P S H H E Y W E V O V U F V K
Y T U E R B G S E T U N I M J A
Z K Z Y K P X C Q R B X F A C E
```

Answers on page 172.

BETTER TO GIVE

AID

BEQUEST

CHARITY

CONTRIBUTION

DONATION

ENDOWMENT

FUNDING

GENEROSITY

GIFT

GRANT

HELP

LEGACY

NONPROFIT

PATRONAGE

PHILANTHROPY

SCHOLARSHIP

```
C O N T R I B U T I O N R
Y C A G E L Y B W N F P J
Y W M F H T E A O U I Y T
T L E F S Q I N N H C M X
I H C G U D P D S J E V E
S C X E A R I R H E L P N
O G S D O N A T I O N C D
R T I F G L O U U G T H O
E A I F O G S R L E X A W
N T W H T X L H T M J R M
E Y C Z M L Q B B A M I E
G S Z G R A N T B F P T N
P H I L A N T H R O P Y T
```

Answers on page 172.

OLYMPIC SPORTS

ARCHERY

CURLING

CYCLING

DIVING

EQUESTRIAN

FENCING

GYMNASTICS

HOCKEY

KARATE

ROWING

SAILING

SKATING

SKIING

SURFING

SWIMMING

TENNIS

TRIATHLON

VOLLEYBALL

WATER POLO

WEIGHTLIFTING

WRESTLING

```
E V Y H C B C T A S M K L S P H
I Q R N Y R E S R K U O W G M O
W S E D I V I N G I G R N B C C
A R H G P D F H A N A I F P J K
T M C N P L S R I R L T R I O E
E K R I L C Y C L I N G H H N Y
R H A T M X N S A R P A M L P G
P N D F J E B S E T A R A K O X
O J T I F N G S W I M M I N G N
L V O L L E Y B A L L V P S T N
O J S T T E N N I S I Q R K G R
D K K H K R O W I N G G C A S U
T V I G Y M N A S T I C S T K V
P Z I I C I L K M C U R L I N G
T C N E Q U E S T R I A N N T O
V X G W R E S T L I N G W G S Y
```

          Answers on page 172.

MEDITATION

AFFIRMATION

AWAKE

AWARENESS

BEGINNER'S MIND

BODY SCAN

BREATH

CONCENTRATE

CONTEMPLATE

ENLIGHTENMENT

GUIDED

MANTRA

NARRATIVE

QUIET

REFLECTION

RELAXATION

STILL

TOOLS

VISUALIZE

WALKING

```
V Y N Q T P B Q C N S W V E N R
G F N S L O O T N O B Z C N A R
Z U I R C P D E M I R F R L R E
Y H I M E U Y E E T L Q E I R F
B Q N D O U S A W A K E E G A L
A R U O E B C F W X Z T O H T E
R E E I R D A F S A A I P T I C
T Z L A E X N I R L R Y M E V T
N I L W T T R R P E X E M N E I
A L I S Z H C M O R Y Q N M Z O
M A T Z S R E A P Y Z U K E E N
H U S M O T Q T D E B S W N S Q
Q S X J N G N I K L A W S T P S
O I W O I E S O I J P U X T N T
I V C B E G I N N E R S M I N D
E T A R T N E C N O C I U A P H
```

Answers on page 173.

FOUNDING FATHERS

BALDWIN

BEDFORD JR.

BLAIR

DAYTON

DICKINSON

FITZSIMONS

GERRY

GILMAN

HOUSTON

INGERSOLL

JENIFER

LANSING JR.

LIVINGSTON

MARTIN

MCHENRY

MIFFLIN

MORRIS

PIERCE

PINCKNEY

RANDOLPH

STRONG

WASHINGTON

WILSON

YATES

```
S L D M C H E N A M L I G K
E F I T Z S I M O N S N B T
T F C V S I R R O M H I A N
A I K S I N G E R S O L L I
Y M I T M N T W L B Y F D T
H R N R A N G A E E E F W R
P E S O R A N S E D N I I A
L F O N T S L H T F K M N M
O I N G I E O I G O C C Z N
D N V N C U D N E R N H R O
N E G R S J N G R D I E I S
A J E T A Y A T R J P N A L
R I O M O R R O Y R N R L I
P N O T Y A D N I Y N Y B W
```

CHEERS!

AFYA (Swahili)

CHEERS (English)

CIN CIN (Italian)

GĀNBĒI (Mandarin)

GEONBAE (Korean)

GESONDHEID (Afrikaans)

KANPAI (Japanese)

KIPPIS (Finnish)

NA ZDROWIE (Polish)

NAZDRAVE (Bulgarian)

NOROC (Romanian)

PROOST (Dutch)

PROST (German)

SALUD (Spanish)

SANTÉ (French)

SAÚDE (Portuguese)

ŞEREFE (Turkish)

SKÅL (Norwegian)

SLÁINTE (Irish Gaelic)

ŽIVELI (Serbian)

```
K  K  N  Y  W  B  V  O  N  K  M  N  E
A  O  I  D  U  L  A  S  A  H  S  I  T
N  F  C  X  D  I  Q  A  Z  S  S  E  N
P  P  N  K  E  R  Y  U  D  E  L  T  A
A  L  I  I  N  F  R  D  R  N  Z  N  S
I  S  C  P  A  F  J  E  O  G  I  I  X
X  R  N  P  Z  U  F  R  W  A  V  A  C
T  E  T  I  D  E  O  X  I  N  E  L  C
S  E  S  S  R  C  W  X  E  B  L  S  G
O  H  O  E  A  Z  R  N  W  E  I  Q  L
O  C  R  J  V  P  H  V  C  I  Z  A  V
R  P  P  G  E  O  N  B  A  E  K  F  G
P  S  D  I  E  H  D  N  O  S  E  G  B
```

Answers on page 173.

PETRIFIED FOREST NATIONAL PARK

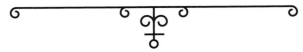

APACHE

ARIZONA

BADLANDS

BUNCHGRASS

CHINLE

CLAY

CRATER

CRYSTALLIZE

DESERT

EROSION

FORMATIONS

NAVAJO

PETRIFIED

PRONGHORN

QUARTZ

SACATON

```
K K N O T A C A S N A S W O E J
D L Z C R P E R O S I O N M I I
Q J U A L M M F F N V S K A L D
P P D E Z I L L A T S Y R C R G
S P R E Y R A L J N G F M G E Y
D A P D S R Q U A R T Z H B T Y
N G S R I E W Q D O N G U S A X
A D B Z O X R E F K J N A L R K
L P O U A N I T Y O C A C A C O
D N O Y N F G B W H Z C V P A A
A T I N I P Z H G A H U Z A V W
B I R R H T G R O I Z O H C N X
D P T O Y A A L N R M X R H G C
O E S X P S X L O N N S K E M H
P G C X S C E C A A D G K L Y J
M O F O T F O R M A T I O N S S
```

Answers on page 173.

PHONE BOOK

ADS	LISTING
ALPHABETICAL	NUMBER
BLUE	OPERATOR
CODE	PAGES
DIAL	UNLISTED
DIGITS	WALKING
FIND	WHITE
FINGERS	YELLOW

L Y D I I B J G L N D C L T V O
G Y B S Y W N G L N I K L A I D
N N R P K I O Z T A G U H W A Z
I K X M T Q P O S V I I S L G F
K B D S Z U E U E J T G P G B O
L C I K M O R H G F S H Y X L P
A L V Y E L A T A P A E L Y U W
W J F I G B T F P B L B G P E O
H A W P R Z O X E L N C A G D C
K H S E F P R T O L O D H D B F
S X I I H R I W U M E U U K S B
O J N Q E C S M L A J T Q Z G W
C D Q B A Q M T X G F D I E N O
H O M L U N L I S T E D J H Z V
Q U S R E G N I F U K X W S W O
N H Z W P E C O D E M R T C I R

Answers on page 174.

L-TO-L

LABEL

LANDFALL

LAPEL

LAPFUL

LATERAL

LAUREL

LAWFUL

LEGAL

LENTIL

LETHAL

LEVEL

LIBEL

LIBERAL

LINEAL

LINGUAL

LINTEL

LOCAL

LOGICAL

LOYAL

LULL

LUMINAL

LUSTFUL

LYRICAL

```
W  K  T  J  J  B  N  X  K  Q  Q  A  E  M  S
K  T  I  J  X  P  L  A  C  I  R  Y  L  A  L
S  Y  Z  E  S  U  W  L  D  G  Q  E  S  E  A
L  L  N  S  F  O  L  A  Y  Q  V  L  B  E  C
U  F  A  P  Q  U  G  U  B  E  Q  A  X  L  I
M  S  A  C  S  K  F  G  L  R  L  P  W  A  G
I  L  H  T  O  W  Z  N  Y  H  T  E  O  W  O
N  D  F  Q  E  L  L  I  T  N  E  L  D  F  L
A  U  L  A  U  R  E  L  D  T  Q  X  L  U  D
L  I  B  E  R  A  L  N  L  A  H  T  E  L  A
F  E  T  Y  Y  G  W  M  E  Z  M  X  T  N  D
M  Q  G  L  L  A  N  D  F  A  L  L  N  R  Y
O  S  M  A  U  L  I  B  E  L  Q  F  I  N  M
L  O  Y  A  L  L  L  I  N  E  A  L  L  X  K
L  A  T  E  R  A  L  S  Y  A  O  W  P  M  J
```

Answers on page 174.

MINDFULNESS

ACCEPTANCE

ACTIVE

COGNITIVE

COMFORTABLE

COMMITMENT

CONCEPTUAL

DWELLING

EDUCATION

EMOTIONAL

FOCUS

JON KABAT-ZINN

MENTAL

NOTICE

PRESENT

RELAXATION

REORIENT

THOUGHTS

I B C S O U F T L A T N E M U X
E J O L K T H O U G H T S A S N
M E M R E L A X A T I O N Z N H
O V M N E N B E E L E D I I N S
T I I O C Z B Q R F B S Z V E R
I T T I C X Y L F S X T S P J F
O I M T N O T I C E A X U G D P
N N E A S T N L P B C H C L R R
A G N C Y U F C A G C G O H Q E
L O T U M O Z K E W E U F E E S
X C J D S H N Z P P P S W M P E
G H M E C O M F O R T A B L E N
Z M I A J J V M P B A U N B K T
D W E L L I N G Y O N W A I U B
H K B O L G E V I T C A M L E I
D Z R E O R I E N T E U R D O B

Answers on page 174.

THIRTEEN WORDS

APPROXIMATELY

BUSINESSWOMAN

COLLOQUIALISM

ENVIRONMENTAL

FEATHERWEIGHT

GRANDCHILDREN

INDIVIDUALITY

JUSTIFICATION

NORTHWESTERLY

PERFECTIONIST

RELATIONSHIPS

SIGNIFICANTLY

UNDERGRADUATE

```
S I G N I F I C A N T L Y J S B
V D Q Y A P P R O X I M A T N U
Q Y T I L A U D I V I D N I E V
T D E T S E W H T R O N U U M T
U R Y L R E T S E W H T R O N H
I E W R E H T A E F G Q Q R O G
O E N V I R O N M E N T A L R I
N A M O W S S E N I S U B G I E
O W S S E N I S U B X Y F X V W
M S I L A I U Q O L L O C O N R
H N E R D L I H C D N A R G E E
I C O L L O Q U I A L J C P R H
S P I H S N O I T A L E R M P T
P E R F E C T I O N I S T H D A
D S N O I T A C I F I T S U J E
E T A U D A R G R E D N U E Y F
```

POODLE SKIRT

ANIMALS

BEST

BORDER

CLIQUE

COOL

CUSTOMIZE

DESIGN

EMBELLISH

FAD

FASHION

GROUPS

HOME

SCHOOL

SEW

STITCH

TEENS

```
W H T D E B C L I Q U E G U Y P
E V I T A L P S E N F C R T N T
S T R W J F O N V E R U O T O I
K N G I S E D O N C Q S O P I Q
X C L E P D T Y H K O T H V H G
T A S U M R W A C C H O M E S O
O T N P E B S V Y Y S M L H A T
Z I Z T U L E W J C K I W T F R
H B R U A O D L V I W Z S C L W
X N U M D S R B L I H E V C A L
J I I P L V T G S I B X U G P T
T N S D R F O I J P S J Z H E Y
A R E D R O B Z T A E H K E Y Z
U H L J B H B J B C Q O N P F V
A D O M M S N S F X H S M F H S
O J Z Y D X A K Z E L U P W E E
```

Answers on page 175.

TREE-DWELLING ANIMALS

BEES

CHAMELEON

FRUIT BAT

GECKO

GENET

GIBBON

GREEN MAMBA

HOWLER MONKEY

IGUANA

KINKAJOU

KOALA

LEMUR

LEOPARD

ORANGUTAN

PORCUPINE

SLOTH

SQUIRREL

TREE FROG

TREE KANGAROO

WOODPECKER

```
R M U N F P W Y G W C H C X O Z
N M G U C N O E L E M A H C K C
N M E J I G U A N A S L O T H Z
O H Q N K R U M E L Z D F I R V
B L S G I E U S E E B D O Z T C
B E Y O N M A B M A M N E E R G
I O M R K A X C J H F T U R E P
G P T F A Y I O N N A L X E E O
S A S E J V M S A B Q D O K K R
Q R R E O X H V T V N R G C A C
U D Z R U B H I U L T Z E E N U
I C K T A Z U T G E F Q C P G P
R H O O N R Y A N D W F K D A I
R T A G F F B E A N A Z O O R N
E A L H U T G M R S F K X O O E
L W A C Y E K N O M R E L W O H
```

TEA

AROMATIC	LEMON
BLACK (tea)	MATCHA
CHAI	MATE
CHAMOMILE	OOLONG
GINGER	PEPPERMINT
GREEN (tea)	PU-ERH
HERBAL	ROOIBOS
HIBISCUS	WATER
HONEY	WHITE (tea)
JASMINE	

```
J M X I W L W U E W A N L N D F
M A A H C T A M O R E I A B R J
N Q S Q V Y L V K N H A B Q E N
Q M C M V G F E S O S R R M T E
B P I W I A Q Y M F N T E S A E
L I V E N S N S O N X H P M R
A T G D H O E L Q I R N V D G
C L G R B C H A M O M I L E O A
K S E I P J P R O V U S W T X C
Y U O S A Y E O J G B U C I X B
P O S Y E P U M C N M C G H C F
R P I N P V C A L Q X S I W D S
Q B O E C G Z T I Q L I N J Z Z
Q H P I T H C I U G Q B G A H G
A W A T E R A C O O K I E V L T
M G N O L O O I F F J H R B F Y
```

TYPEWRITER

BALL

BLANK

CARTRIDGE

COMMUNICATE

KEYS

MANUAL

PAPER

PRINT

RETURN

RIBBON

SMUDGE

SPACE

SPEED

TIME

TYPE

WRITE

```
S V J E Q T O D W J O Z E V C Q
P X G S W K C E A P B C R A T H
E N Z M W G B N R A A W R I T E
E D L U U A Q I L P E T B D W M
D A W D S O N L S A R M I Z V C
A D W G Y T A F F I U T I I I U
B G P E E L D E D B A N J T H Y
I L C N K G U G R S Q K A E H X
I V A U T G E H Z P L Z N M I S
J J R N E T A C I N U M M O C O
I S O I K P B I G O M J F H R W
T X W V B F W P A Z O L S V M A
P N S T M B R E P A P Y C Z M G
L T I R B L O R B J Y F M X X X
S K R M C C L N N J R E T U R N
I W X P X E P Y T U K W P W U Z
```

Answers on page 175.

COMMON PLACE NAMES

ASHLAND	JACKSON
AUBURN	KINGSTON
BRISTOL	MADISON
CLAYTON	MILFORD
CLINTON	MILTON
DAYTON	NEWPORT
DOVER	OAKLAND
FAIRVIEW	OXFORD
FRANKLIN	SALEM
HUDSON	

```
L  N  N  T  H  J  D  M  Q  D  X  Z  V  J  E
U  N  O  U  L  R  N  E  N  R  R  B  F  H  E
M  D  H  S  B  L  A  L  O  N  R  U  B  U  A
I  E  O  W  K  M  L  A  T  I  G  J  J  D  Y
L  D  E  V  T  C  K  S  S  V  X  D  F  S  O
F  X  N  T  E  R  A  T  G  A  Z  R  N  O  X
O  N  O  A  A  R  O  J  N  Y  A  S  O  N  N
R  O  O  E  L  L  D  O  I  N  C  Z  T  N  E
D  T  G  S  X  H  T  R  K  K  U  K  L  O  W
B  Y  J  Q  I  Y  S  L  O  I  V  P  I  T  P
J  A  L  F  A  D  I  A  Z  F  S  A  M  N  O
U  L  X  D  W  N  A  J  P  P  X  M  X  I  R
C  C  H  R  E  D  A  M  G  Z  G  O  S  L  T
X  J  W  E  L  W  E  I  V  R  I  A  F  C  E
J  E  T  S  N  R  S  F  K  N  S  I  K  B  W
```

Answers on page 176.

CONSTELLATIONS

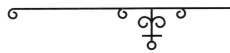

ANDROMEDA

AQUARIUS

CANIS MAJOR

CAPRICORNUS

CASSIOPEIA

CORONA BOREALIS

DRACO

GEMINI

LIBRA

LUPUS

LYRA

MENSA

MONOCEROS

NORMA

ORION

PEGASUS

PERSEUS

PICTOR

SAGITTARIUS

SCORPIUS

SERPENS

URSA MAJOR

VELA

VIRGO

VULPECULA

R B I P K S P H N A M I R L S M
O Y K E T U P O I U N O S U U S
J A W R Z N I E B I J I I M U A
A M A S B R P N M A O R Y S S F
M R R E O O R E M C A U A G O R
S O Y U I C G A A T Q G K B R S
I N L S P I S R T K E M J Z E C
N A S D C R D I S P M Y F F C O
A A W G U P G M E N S A J Q O R
C O R O N A B O R E A L I S N P
W U B W S C J S E R P E N S O I
L V Q W A L U C E P L U V N M U
I E J J I R O T C I P L U P U S
B L R P A Q U A R I U S K J J Z
R A N D R O M E D A V I R G O E
A U W W J O U A B K W Q L U D T

Answers on page 176.

RHYMES WITH FINE

ASSIGN	MALIGN
BENIGN	MINE
BRINE	REFINE
COMBINE	RESIGN
DECLINE	SHINE
DEFINE	SPINE
DESIGN	STEIN
DINE	VINE
INTERTWINE	WHINE

```
R D P E V S Z X S Q K
E Q E I N W T H W R I
S S N S K I I E N C D
I E I P I N F N I K I
G J B I E G G E L N X
N B M N E I N N R E Q
G R O E N S J I C N D
I I C E I S Z L B I R
L N B I H A M C N M W
A E N I W T R E T N I
M D E F I N E D B K I
```

     Answers on page 176.

JOURNALING

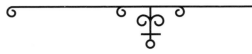

ART

AUTOBIOGRAPHY

BULLET JOURNAL

CHRONICLE

DIARY

DOODLE

GRATITUDE

HANDWRITTEN

JOURNEY

MEMORY

PAPER

PEN

PERSONAL

REFLECT

SCRAPBOOK

TRAVEL

VIDEO

WELLNESS

WRITING

```
M G N U M I S T H Y K M E D G P
G G R A T I T U D E Q C Y O F A
N E T T I R W D N A H H G P B P
G N I T I R W T J M P R L G V E
U C S L T Z C V E A T O E V D R
O E D I V E F S R Z Y N V X R X
U X W R L V O G E W J I A B D E
C U Z F U M O D Z I V C R C L W
D Q E U P I O V I Z O L T D R E
V R M W B E O I E A O E O I K L
F F Z O M G N M Z B R O J H Y L
A R T Y R O M E M D D Y L D E N
B U L L E T J O U R N A L M S E
A Z H H F L O K O O B P A R C S
Q O I T B A P E R S O N A L N S
F J O U R N E Y U I P X R W G C
```

Answers on page 176.

SPECIAL DELIVERY

ADDRESS

BOX

CARGO

CARRIER

DELIVERY

DHL

EXPRESS

FEDEX

FIRST CLASS

FREIGHT

GROUND

INTERNATIONAL

MAIL

OVERNIGHT

PACKAGE

PARCEL

POST

PRIORITY

RATE

RECIPIENT

RETAIL

SECOND CLASS

SENDER

SHIPPING

STAMP

TRACKING

TRUCK

UPS

USPS

WEIGHT

ZIP CODE

```
U  V  A  L  A  N  O  I  T  A  N  R  E  T  N  I
T  H  G  I  E  R  F  J  B  T  D  M  S  R  U  R
R  F  I  R  S  T  C  L  A  S  S  P  A  R  L  S
A  M  R  C  L  S  P  S  U  O  U  L  A  H  G  E
C  A  Y  B  P  V  E  A  M  P  W  T  D  C  R  N
K  I  C  A  R  G  O  C  Y  R  E  V  I  L  E  D
I  L  G  R  O  U  N  D  O  S  C  T  G  L  T  E
N  G  N  I  P  P  I  H  S  N  A  E  E  H  A  R
G  A  Z  C  A  R  R  I  E  R  D  X  O  B  I  X
Y  T  I  R  O  I  R  P  K  O  P  C  X  A  L  K
I  E  C  W  P  A  I  C  C  R  N  X  L  F  V  K
O  E  F  E  M  N  U  P  E  O  U  R  E  A  K  F
L  C  E  I  A  R  I  S  U  A  D  D  R  E  S  S
X  G  D  G  T  Z  S  P  A  C  K  A  G  E  Z  S
A  M  E  H  S  R  E  C  I  P  I  E  N  T  T  D
K  Y  X  T  J  Q  D  O  V  E  R  N  I  G  H  T
```

Answers on page 177.

LANTERN

ALIGHT

AMBER

BURN

CARRY

DARK

FLAME

FLICKER

FUEL

GLARE

GLASS

GLOW

HANDLE

ILLUMINATE

LIGHT

ROMANTIC

WICK

```
R K O Y G D D K C I W D E X F J
Q B B L Q I W A W M V R M T G D
L I N I W J O Y T A G E D R E F
H T V C E E L E L V J T C A Q A
R N P V I P G I J X D A L R R T
E E A N E T G W L X F N I Y U K
T W B R W H N W M Z E I G E U D
X C F M T Y L A O R P M H K O A
S U L R A W C E M N V U T H I Z
M T M C J W I S U O Z L S G D I
V H L E H V H Q X F R L R Y N F
F X A W O X H H M Y W I X R E Y
L B M R E K C I L F C Z U A R T
A R P E O H A N D L E B O R E Q
M E R A L G B K D K Y L A V F T
E E N U G L A S S P O C I J D R
```

PER-FECT PUZZLE

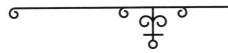

AMPERSAND

APERITIF

CALIPER

CHAPERON

DEEPER

DESPERATE

DIAPER

DISPERSE

EXPERT

HAMPER

HELPER

HYPER

IMPERIAL

JUNIPER

OPERA

PAPER

PAUPER

PERCEIVE

PERFECT

PERFUME

PERIL

PERIOD

PERJURY

PERK

PERMIT

PEROXIDE

PERSON

PROPERTY

SLIPPERY

SPERM

SUPERB

TAMPER

UPPER

VIPER

WHISPER

```
S Z A F W H I S P E R J U R Y B Y
V Y L A G K C A L I P E R B B E R
X D B M V G W B M F T T P N T V E
H E L P E R H P J J I I P Y G I P
C S W E X P E R T M Y D V D H E P
P P Y R E R E S R E P S I D G C I
Q E V S I W W E P A U P E R D R L
A R W A V Z P D Y R P K K O A E S
P A L N R P E R F E C T I R R P L
E T Z D E E T B R P N R G E E D G
R E P A P U X I M O E J P P P P E
I R E E M S L R S P C P V M I Q M
T E R X A U E U Y Z U Z O A N G U
I P S U H P S R E P A I D T U Y F
F I O Z S E N O R E P A H C J K R
Q V N Y T R E P O R P X W J A Y E
X L P S Y B F C P E R O X I D E P
```

TOP 1960S BABY NAMES

CHARLES

CYNTHIA

DAVID

DEBORAH

DONNA

JAMES

JOHN

KAREN

LINDA

MARY

MICHAEL

NANCY

PATRICIA

RICHARD

ROBERT

SANDRA

SUSAN

THOMAS

WILLIAM

```
I  Z  C  H  A  R  L  E  S  J  M  K  T  Q  T
J  O  G  Y  S  P  L  T  A  I  Z  X  M  D  R
Z  M  R  Y  L  Z  X  M  T  H  X  A  L  N  E
S  A  N  D  R  A  E  N  U  L  I  W  E  U  B
M  L  J  R  Z  S  K  S  H  L  B  R  A  C  O
M  D  M  F  E  S  C  G  L  O  A  F  H  V  R
D  E  B  O  R  A  H  I  A  K  J  E  C  Y  R
C  A  L  G  N  M  W  T  D  N  O  E  I  I  A
J  Y  I  A  K  O  T  H  N  W  S  I  M  G  D
Z  L  N  C  Q  H  C  U  I  E  J  U  N  E  D
F  C  P  T  I  T  T  Z  L  T  L  I  S  I  O
Y  O  K  P  H  R  A  N  N  O  D  V  V  A  L
Q  V  U  C  U  I  T  R  I  C  H  A  R  D  N
W  F  G  A  M  G  A  A  C  X  D  A  W  B  P
P  Y  L  C  Z  U  O  M  P  N  S  R  C  A  O
```

FREEZE

ARCTIC	PINE
CHILL	POPSICLE
FIREPLACE	REINDEER
FROST	SLOW
HIBERNATE	SNOWFLAKE
ICICLE	STILL
MELT	SWEATER
PAUSE	WINTER

```
H Z E F U A H P L W K V N R W O
N F M T S O R F O K G H Y Y C H
V A R C T I C V B P Z W T I W K
P O K D C T K L S L S J R J H M
D S J F S X L D H T H I H V V J
L N N J G I P J D W I C C Y T A
R O F Q H E A B X N E L O L M Q
E W H C P I N E X L N J L B E G
T F I R E P L A C E T L E M T B
N L B E Y M L I W P D P G O R G
I A E I M O C Y O K H P R E Z Z
W K R N D I Y V L M M K T E X G
P E N D K S I J S P H A J S Q C
K U A E O N I D K Y E V T U E U
J M T E Y O Q I D W M Z U A I O
C S E R H C T B S Q H J X P T T
```

   Answers on page 178.

TYPES OF BOATS

ARK

CANOE

CATAMARAN

CRUISE SHIP

CUTTER

DINGHY

FERRY

GALLEON

GALLEY

GONDOLA

HOUSEBOAT

HYDROPLANE

JET SKI

KAYAK

KETCH

LIFEBOAT

PONTOON

RAFT

SAILBOAT

SCHOONER

SKIFF

SUBMARINE

TUGBOAT

YACHT

YAWL

```
F I I A G D J I R Y I O E H I G
A L O D N O G L Q K P T T Y X N
I C A N O E W Z S I A H P R P L
O A R C N A Z T J O C R A R V G
S T K U Y C E M B A E R Y E S O
A A B T I J S E Y N G H V F U H
I M K T U S F W O G G S Y S G Y
L A W E U I E O V N M U D N A D
B R N R L S H S I K X B K O L R
O A O P H C K D H O M M A O L O
A N V Q S C C I I I Y A Y T E P
T O H Y J H U F F T P R A N Y L
T W K E T C H Z B F B I K O Q A
N A N O E L L A G M R N R P N N
H O U S E B O A T U I E I Z X E
T A O B G U T F G A X T F A R Y
```

Answers on page 178.

NEWSPAPER

ADS	INK
BUSINESS	LOCAL
CLASSIFIED	NEWS
EDITORIAL	NOW
FASHION	PRINT
FEATURE	SECTION
FOLD	SPORTS
HEADLINE	TODAY

```
K P C A O G Y C U R R A S W T O
U K G V A S L C I M C M S L S M
Z W D J E N T A A D K B S Y N T
X Z T Y R D S R I F L C U T O O
F O A X S E Y A O R T O V E I D
F L E A G I I N K P O D F Z H A
W Z N E M F S B R F S T I J S Y
Q N T X J I U V J E M C I B A R
W I G L P S E A W A A F R D F M
G Z B P I S P E H T L T M Z E C
L F Y N A A B I D U P X L T I E
X N E D P L R E G R N L O C A L
V S S N P C N L B E W E F C W G
S T N I R P C I I H H N W A D E
G T Z E N I L D A E H W N S J T
P S E C T I O N Z A G V W O N Z
```

HORSES

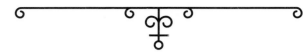

BARREL RACING	HUNT SEAT
BRIDLE	MARE
COLT	PONY
DRESSAGE	RACING
ENDURANCE RIDING	REINING
EQUESTRIAN	RODEO
EQUITATION	SADDLE
EVENTING	SHOW JUMPING
FILLY	STEEPLECHASING
FOAL	STIRRUP
HALTER	

```
E D S M E X G K G I A H P R D K
L T T A Q R N E F S H H X A J G
D A I R U H I G N T V K R C N M
D F R E I T C A W E T G U I K E
A T R L T D A S G E O N D N U V
S A U A A U R S H P S I J G N E
V E P X T S L E K L R P R A Z N
H S Q S I K E R V E E M E D U T
A T P D O J R D C C L U I G A I
L N F Z N U R N Y H D J N C L N
T U E M M X A G L A I W I M L G
E H W H C R B A L S R O N A A W
R F S Y U O R E I I B H G D O B
B A N D V R L Q F N F S S B F B
T O N Y X N K T X G O E D O R Z
P E Q U E S T R I A N M P W U D
```

NATURE

ABLOOM

BRISK

CELESTIAL

COAST

CRISP

ETHEREAL

EVERGREEN

FAUNA

FIELD

FOREST

GROVE

IDYLLIC

MEADOW

MOONGLADE

PERENNIAL

RIVERBANK

SPOONDRIFT

VALLEY

VERDANT

WILD

```
I K R K O F Q V M T R E P K B V
B G B X R O M O O L B A Q K B G
E R Z Y D R L A I N N E R E P I
J H I L M E Q G L A E R E H T E
H J E S M S F Z Z G F A U N A B
I I D O K T J O V E R D A N T U
F I T L A I T S E L E C A O S Y
E D L V R E V K T I V X F T P F
U Y G Q G T W O D A E M J T S O
V L P C S P O O N D R I F T I X
P L D B L C O A S T G N J A R B
E I K N A B R E V I R O A A C F
F C J M G R O V E L E W M A Z N
P Z Y V E M W L F T E O V W H G
R V A L L E Y M O O N G L A D E
B U I F Q A M T Z X M D L I W G
```

61   Answers on page 179.

GATES OF THE ARCTIC NATIONAL PARK

ALASKA

ARCTIC

AUSTERE

BIRCH

BOREAL

BROOKS

CARIBOU

FROZEN

MARMOT

MEADOWS

MUSKOXEN

OSPREY

RANGE

SPRUCE

TERN

TUNDRA

```
R R M D X Q T O M R A M V V Z W
U X T N F K M C A R I B O U H X
Z D T J E C D T S S W O D A E M
Q B T K X X S Y Y P A Z I X A W
O K R J S Y O P K J R E I U U F
S M C O Q P A K R N Y U S V T Q
P J K H O R F O S L Z T C U Z H
R G H Y D K O G A U E M D E O A
E G U N P W S G A R M P G T R G
Y R U B H X D T E G N N E C T W
J T D L C N B E B V A R T V B A
F C Z J R E O C N R N I P Y B N
H S Y D I Z R P Y I C S O C K U
G F T Z B O E R Q A L A S K A D
P L L Z R R A V W J R A W U V C
G I K M V F L A J Q Y K U Q D C
```

 Answers on page 179.

DOGS OF TV AND MOVIES

AIRBUD

ASTRO

BENJI

BLUE

CLIFFORD

EDDIE

FRED BASSET

GOOFY

HOOCH

LADY

LASSIE

MARLEY

MARMADUKE

NANA

ODIE

OLD YELLER

PLUTO

SCOOBY DOO

SKIP

SNOOPY

TOTO

TRAMP

UNDERDOG

```
R  S  O  Z  L  X  R  A  A  O  R  T  S  A  M
T  T  D  A  H  Y  V  D  T  C  R  Q  L  Z  K
E  S  D  E  X  E  M  A  R  M  A  D  U  K  E
S  Y  X  U  O  L  G  X  Z  O  H  A  G  P  A
S  P  Z  L  Q  R  R  O  X  O  F  Y  L  N  H
A  Q  L  B  E  A  E  E  O  F  P  F  A  G  R
B  G  V  U  D  M  Q  C  L  O  M  N  I  B  T
D  T  O  X  T  V  H  P  O  L  G  J  N  L  P
E  F  R  D  M  O  Z  N  U  V  E  K  V  M  C
R  Y  C  A  R  D  S  C  O  O  B  Y  D  O  O
F  T  F  I  M  E  U  E  O  C  X  E  D  F  E
T  E  T  O  I  P  D  B  X  T  C  Q  N  L  G
H  E  I  D  O  Y  I  N  R  H  O  D  V  J  O
L  E  D  P  N  G  R  K  U  I  Q  T  B  F  I
S  E  I  S  S  A  L  K  S  U  A  J  L  J  T
```

Answers on page 179.

MOUNTAINS

ADIRONDACK

ALBORZ

ALPS

ANDES

APPALACHIAN

ARTHUR RANGE

BISMARCK RANGE

BLACK FOREST

BOMBAY HILLS

CANTABRIAN

CARPATHIAN

CAUCASUS

CHAPADA

EMPEROR
SEAMOUNTS

HIMALAYAS

KILIMANJARO

MONASHEE

OLYMPUS

STRANDZHA

SWARTBERG

TROLLHEIMEN

```
S E D Q B Z S W T N S F X B C Z
T L A Y V Z L G R X U H W L T C
N E R K S N L R O V S S J A E A
U G T S A A I E L A A U Z C C R
O N H T Y I H B L N C P E K N P
M A U R A H Y T H T U M H F A A
A R R A L C A R E C A Y G O I T
E K R N A A B A I O C L Z R R H
S C A D M L M W M S K O R E B I
R R N Z I A O S E J R Z O S A A
O A G H H P B D N W V I B T T N
R M E A Q P N T L J R S L R N Q
E S Q K C A D N O R I D A W A D
P I K W H E E H S A N O M L C F
M B A D A P A H C S D A Z M P D
E W B F K I L I M A N J A R O S
```

Answers on page 179.

IT TAKES TWO

ARTWORK

AT WORST

BASKETWORK

BATWOMAN

BENTWOOD

CABINETWORK

CUTWORM

DRIFTWOOD

EASTWOOD

FLATWORM

FLEETWOOD

FOOTWORK

FORT WORTH

GRANT WOOD

GUEST WORKER

HEARTWOOD

LAST WORD

OUTWORE

SALT WORKS

STUNT WOMAN

TRUSTWORTHY

WESTWORLD

```
Y K R O W T E K S A B Y B K Z
S O P T A T W O R S T A B H K
A L Z D O O W T E E L F P T S
L C D D O O W T S A E Y X R F
T Y H T R O W T S U R T Y O N
W W L D R O W T S A L I N W A
O R E K R O W T S E U G A T M
R M R S B N C P R B R I M R O
K R O W T E N I B A C L O O W
S E W I T W N K N D E W W F T
E J T A I R O T U A T H T G N
Z F U H J X W R W A J Y A Y U
F O O T W O R K L O J G B U T
C U T W O R M F F D O A A V S
R V T D R I F T W O O D I Z K
```

 Answers on page 180.

TWO-WORD PLACE NAMES

ANN ARBOR

CAPE COD

CONEY ISLAND

CORPUS CHRISTI

EAST ORANGE

GRAND RAPIDS

KEY WEST

LAS VEGAS

LITTLE ROCK

NEW ORLEANS

NEW YORK

PORT ARTHUR

SAN ANTONIO

SAN JOSE

SANTA MONICA

ST. PAUL

STATE COLLEGE

WEST VIRGINIA

G I V K S A N T A M O N I C A
C A O C Y N B L I B R A N N A
G K R O D V D A N E W Y O R K
K E W R U K L S I Y E N O C A
E Y E E I G E V S A L J U V J
Y W N L S N A E L R O W E N P
W E S T V I R G I N I A D E O
E S P T D L U A P T S M D S R
I T S I R H C S U P R O C O T
D N A L S I Y E N O C I O J A
E G N A R O T S A E S N C N R
M G R A N D R A P I D S A A T
R O B R A N N A A P T S P S H
R S T A T E C O L L E G E O U
O I N O T N A N A S L A C T R

  Answers on page 180.

RAGGEDY ANN

AMERICAN	PARTNER
CLOTHES	PLAY
DOLL	POPULAR
ENJOY	PRETEND
FRIENDS	RAG
GAMES	STORY
LUMPY	STRIPES
NURSERY	TOY

```
I S P R K H N Y W Y O J N E M R
U L B P I Z J S D L U M P Y Q I
S P A R T N E R D R E E I V I T
A E U V Z S M U N M O I N J B P
N P P G X N D M E Q K A R G S O
K Y P I Y W O N T D C K A S Q I
J V O F R O G Z E I O M D T S D
R S P E M T T L R I E L M O Y W
X M U V M G S E P S R X L R J P
E M L N F Y M A N E O F Q Y U K
U M A X A A W U F H W M P Z G G
M J R L Y J R E X T I W T H E S
K J P W L S G C U O Q C M W X U
R O T I E I J R G L L K V E L Q
H W I R S M G K A C T G P T F W
X Z Y O A P U P R E X A L U J Q
```

Answers on page 180.

YOGA

ASANAS

BODYWEIGHT

BREATHING

CONTROL

CORE

DISCIPLINE

FITNESS

FUNCTIONAL

GURU

HATHA

INDIA

NAMASTE

POSTURE

RELIEF

STRETCH

VEDIC

VINYASA

YOKE

```
R N Q Y Q B M N R Q Y W S A D H
V A O K W H S S E N T I F H C P
E M S U Z X X Q E R O C U Z U Z
D A T T B A S A N A S L F Y V U
I S R E L G P A E L O R T N O C
C T E B E R S B N S K V T Z H F
N E T Q S A R E I A C U X B A T
W B C S Y H R G L U Z R P Z H V
Z X H N M U O K P Y O U W G T A
E V I G T X E P I N G G I P C C
N V W S J U V O C B F E I L E R
N X O P N G W K S A W U Y O K E
O P D D G Z S O I Y R D S M R Y
T E A I D N I Y D E L S A N G P
J F U N C T I O N A L M E J V K
X H A T H A B R E A T H I N G M
```

75   **Answers on page 180.**

AMERI-CAN

AMERICAN	OILCAN
APPLICANT	PECAN
CANAL	PELICAN
CANCEL	RECANT
CANDY	REPUBLICAN
CANNON	SCANDAL
CANOE	SCANT
CANYON	SIGNIFICANT
HURRICANE	VACANT
MERCANTILE	VOLCANO

```
C A N O E V U N A C E P R
C A N N S C A N T N N A A
Y D N A C C A C A N A L F
T N O C L S S C A N D A L
C A S I G N I F I C A N T
A C O L L R Y C Y P D B P
N N V B R C A P P L I C A
N O P U S V O L C A N O R
O Y H P E L I C A N A C E
N N M E R C A N T I L E C
A A U R A M E R I C A N A
S C A N D L L E C N A C N
A S T O V T N A C A V R T
```

Answers on page 181.

S

SANDWICH

SCALD

SCANDAL

SEASON

SERIOUS

SESAME

SHOWER

SINGER

SISTER

SIZING

SKATE

SMACK

SMALL

SNAFU

SNAG

SNAIL

SOAK

SONGS

SPAM

SPECIAL

SPECULATE

SPOTTED

SQUABBLE

STAMP

STRIPE

SURGERY

SWAHILI

SWAMP

SWIFTLY

SWINE

```
S  R  S  N  A  I  L  G  N  I  Z  I  S  J  S
U  E  P  S  K  B  D  O  K  E  E  S  F  C  Q
O  T  Z  O  H  B  S  C  D  N  H  I  A  D  U
I  S  E  N  Q  A  A  B  I  C  C  N  Q  S  A
R  I  T  G  E  M  A  W  I  H  D  G  R  H  B
E  S  A  S  S  P  S  W  I  A  M  E  T  O  B
S  I  L  G  J  T  D  G  L  P  C  R  Z  W  L
W  L  U  A  W  N  D  Y  U  S  Y  I  L  E  E
S  I  C  N  A  P  L  E  S  F  W  J  L  R  Y
S  H  E  S  S  T  M  T  T  F  A  A  A  P  R
M  A  P  S  F  E  R  S  H  T  T  N  M  S  E
G  W  S  I  W  I  S  P  C  K  O  A  S  P  G
D  S  W  E  P  G  O  A  P  A  T  P  Z  Q  R
L  S  P  E  C  I  A  L  M  S  L  D  S  B  U
Q  L  L  E  T  A  K  S  M  E  C  D  C  K  S
```

EUROPEAN TOUR

ANTWERP

ATHENS

BARCELONA

BELFAST

BERLIN

BRATISLAVA

CARDIFF

COPENHAGEN

EDINBURGH

GENEVA

HAMBURG

HELSINKI

KIEV

LISBON

LIVERPOOL

LONDON

MANCHESTER

MARSEILLE

MOSCOW

NAPLES

NUREMBERG

PARIS

RIGA

ROME

ROTTERDAM

SEVILLE

SOFIA

VIENNA

ZAGREB

```
L A V O N G E L L I E S R A M
S T N I E R W O C S O M A D C
O E B N B L O H G H R I G A F
F C E E P S G T R E N R U X
I V P A R I S R I N U D E A M
A P L E G L V U O B I B B E A
V S V N A X I B A F L R M H N
A I C B Z O S N F R O M E A C
L H E T E I O I N T K L R A H
S E V I L L E D T A S G U S E
I E D M E O F E Y I V I N U S
T W L C H N R A N T W E R P T
A E R P I D L K S A H O I C E
R A M E A O I Z N T A U Q K R
B J I M S N E G A H N E P O C
```

CALL BELL

ALERT

APPEAR

ATTEND

CALLING

CHECK

COAT

DESK

DING

DOORMAN

FORMAL

FRONT

PROMPT

PROPER

TINKLE

VISIT

WHISK

```
V W H I S K E B B B C R D U B T
V K Q N L T B A O O R E R W C Q
E L A M R O F T A T H P C M Z Q
C K J H E H B T O Q S O I H P E
X N G V K Q C E P K Z R F Q D M
A U A G I R O N L F Y P R D Y D
Q U M P N S V D R S L W O W R E
B Y U W P I I T A C F O N B L B
I U V O C E D T P G R F T K A B
X B U H I S A L A M W E N S Z O
I X S H O Q I R A M O I F K R Q
M H N U O M A N G P T R U C C Z
J D N L L L I J A S K S P E X A
C W Q C E O I R S D V C N H O O
B U V R B O O F F G L G O C M D
N T T C A L L I N G D H K S E D
```

 Answers on page 181.

MINDFUL MUSIC

ACTIVE

ANYWHERE

BEAT

CLASSICAL

DISCOVERY

EXPERIENCE

FLOW

GROUNDING

HARMONY

HEALING

INSTRUMENTAL

JAZZ

LISTENING

MEMORIES

NEW

RELATIONSHIP

RELIEF

SOOTHING

```
M I N L R E L I E F E X A M K A
O L L A C I S S A L C E W E N N
H J Q I T J B W B N N C Y M Z Y
E V J A N A A I Y N E T V O S W
A D E A Y S C Z R C I Z V R K H
L B M J Q Y T W Z U R O G I B E
I L X W W M V R R V E K W E H R
N Y E V I T C A U A P B B S H E
G Z D R W I Z H Z M X N W A X Y
P I H S N O I T A L E R V R V N
I F B A X S O O T H I N G A P O
U G A H S K B B T Y L Q T Q J M
F D I S C O V E R Y B V K A A R
L B C S G N I N E T S I L W L A
O D O J Y P F V J V E K W T H H
W A G N I D N U O R G C P L U F
```

 Answers on page 182.

MIDSUMMER NIGHT'S DREAM

ATHENS

COMEDY

DEMETRIUS

DONKEY HEAD

FAIRIES

HERMIA

HELENA

HIPPOLYTA

LOVE-IN-IDLENESS

LYSANDER

NICK BOTTOM

OBERON

PETER QUINCE

PLAY

PUCK

PYRAMUS

SHAKESPEARE

THESEUS

THISBE

TITANIA

WOODS

```
M C H H S U I R T E M E D U F Q
O S E I R I A F Y E Y M L B C B
T T O R H E L E N A F H E S Q L
T H W P E T E R Q U I N C E O J
O I T N S M D L Z P F U S V U A
B S C H U H A A P N R I E L T I
K B U O E T A O E S V I M P I M
C E E Y H S L K Y H N M K L T R
I G E E D Y E N E I Y Z G A A E
N S N Y T E O U D S W E Y Y N H
W S Z A B R M L S T P V K E I W
B G E S E G E O M A V E P N A C
K N A B T N O P C M L U A X O Q
S A O O E L R H A X C U W R E D
C L Y S A N D E R K X F E Y E M
G V S J S D O O W P Y R A M U S
```

WHAT'S YOUR SIGN?

AQUARIUS

ARIES

CANCER

CAPRICORN

GEMINI

LEO

LIBRA

PISCES

SAGITTARIUS

SCORPIO

TAURUS

VIRGO

```
W C B N R O C I R P A C G
S S N Y A R I E S M G R L
U U Z K H S J L S W B T K
R I K L U F E T X K I A X
U R M P P O K M S N G Q M
A A B Y I X V O L X U U D
T T C I F S I F D O G A C
V T A R J P C A N C E R U
S I K F R O R E B M M I D
C G R O R P Q O S J I U T
B A C G L A R B I L N S P
R S B W O T U W K L I V P
Q A K T Y S K K G B D B B
```

BEST ANIMATED FEATURE

BIG HERO (6)

BRAVE

COCO

ENCANTO

FINDING NEMO

FROZEN

HAPPY FEET

(The) INCREDIBLES

INSIDE OUT

RANGO

RATATOUILLE

SHREK

SOUL

SPIDER-MAN (Into the Spider-Verse)

SPIRITED AWAY

TOY STORY (3 & 4)

UP

WALL-E

ZOOTOPIA

```
W N W Q W S N B V F A E I K N E
J Z A L T R H E J I A T J Z V S
V K D M J I B R P J O O D A P F
N G V T R S C O E Y I D R I Y E
L V B I C E T L S K X B R V L L
T V T O N O D T O U G I F L C W
C Q U Y O C O I M J T S I W K U
E T O Z F R R F P E N U N U V E
O S E O Y O R E D S O F D R Q C
R U D Q N O T A D T M U I A S Q
E O I F Z B W N A I P H N N E T
H L S E J A E T A G B L G G L Q
G K N T Y G A N L C M L N O L Y
I R I O H R M Z K U N J E F A N
B O C O C J W R Q F O E M S W O
J T E E F Y P P A H A S O Y I X
```

Answers on page 182.

CAT BREEDS

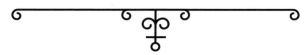

ABYSSINIAN

AMERICAN BOBTAIL

AMERICAN CURL

BENGAL

BOMBAY

CORNISH REX

EGYPTIAN MAU

MAINE COON

MUNCHKIN

PERSIAN

RAGAMUFFIN

RUSSIAN BLUE

SCOTTISH FOLD

SIBERIAN

SNOWSHOE

SPHYNX

TONKINESE

TORTOISESHELL

TOYGER

TURKISH ANGORA

TURKISH VAN

V Y W G D I S G T K F L J N G C
L E G E L R N E U O G I J O S O
L U K G O A O S R N R A T O H R
E L W Y F G W E K I E T U C H N
H B M P H A S N I K G B R E D I
S N Y T S M H I S H Y O K N J S
E A A I I U O K H C O B I I R H
S I B A T F E N V N T N S A J R
I S M N T F J O A U P A H M W E
O S O M O I F T N M F C A B S X
T U B A C N A B Y S S I N I A N
R R E U S F V B E B K R G K S O
O S P H Y N X Q Q N N E O H G X
T U N A I S R E P P G M R M R P
L R U C N A C I R E M A A A B R
D B Z Q S I B E R I A N L W M H

 Answers on page 183.

PLACE NAMES WITH A'S

ABUJA

ACCRA

ADDIS ABABA

ALBANIA

ALEXANDRIA

ALGERIA

AMERICA

ANDORRA

ANGOLA

ANKARA

ANTARCTICA

ANTIGUA

ARGENTINA

ARMENIA

ARUBA

ASTANA

ATLANTA

ATTICA

AUGUSTA

AUSTRALIA

AUSTRIA

```
A L G E R I A C I R E M A A
A R M E N I A B D X X N I
I W A C I T C R A T N A R
Q A G R T A N K A R A F D
A T B I G A N T I G U A N
R U C A S E A U S T R I A
R A S A B C N J M D C L X
O L U T L A A T U K Z A E
D O O G R B S E I B L S L
N G V C U A A I X N A T A
A N C R P S L N D N A A G
R A A A E H T I I D K N D
A T L A N T A A A A A A A
```

Answers on page 183.

ROCKING HORSE

CARVED

DETAIL

FAMILY

FRAME

HANDLE

HEAD

LEGS

MANE

OLD

ROCK

SADDLE

SPRINGS

TETHER

TAIL

TIME

TOY

```
B K B C G K B Y O T R S X B V D
K G Y E M A R F P E O D G W S E
W X G M Z Y Z K H L H Q W F L U
F E M Q E E C T E G J F K L M C
H H L B S O E I R K H A F R Q Y
L O A D K T S R D E T A I L M K
N D D N D N A F E R R I D D A U
G P L L D A C A G X X A L T N F
H A Q E O L S M D S E S L I E O
H S S J G N E I D H P I A E U S
G I Y X O S W L T R S V F M D O
W D U D O T B Y I V T Q V I E B
R N U F A F H N Q G O S M T V B
Z T M I D N G O E E K B L V R N
C H L J G S S U V T R H O M A A
S A J D G R O C K B I I H O C B
```

BOOMERANG

AIRBORN

ANCIENT

AROUND

BEND

CLEVER

DISTANCE

HUNT

RETURN

SAIL

SKILL

SURPRISE

THROW

TOY

TRY

WEAPON

WING

```
T A F O Z R A R T K S M Q E Z T
X X E R E A P R C Y I A C D C D
M R H T I N Y U C C X P I M B L
H P U W H C V S B C M H C L R R
E R A D V I M M A R S L A E V F
N E B B C E Q R E C N A T S I D
Y O T O D N K V S N K K A K F D
O M Y R H T E U S R P Q L T S N
W J X R T L R M K W P N N R U E
O Q R D C P N K I D E U S F R B
A Y G I R P J C L W H A Q F E X
Q V O I E R I Q L X V U P X J M
D G S Y A I R B O R N Z R O L L
N E N F I T H R O W E K X M N A
A Q Z I U T L K J K E D S R A P
B Z M A W O J D N U O R A S E B
```

Answers on page 183.

AUTUMN

APPLE

BONFIRE

BUSHELS

CHESTNUTS

CIDER

CINNAMON

CLOVE

CORN MAZE

CORNUCOPIA

COZY

CROWS

FALL

FLANNEL

FOLIAGE

GOURD

HALLOWEEN

HARVEST

HAYRIDE

LEAVES

PIES

PUMPKIN

SCARF

SWEATER

THANKSGIVING

```
I S K A W F A L L T A N G H S S
N O M A N N I C S O E P N E W T
D R U O G M P E Q N Z I I R O U
X L P E R D V Z I M A E V E R N
B R F W Z R F K D J M S I J C T
Y O O L A E P A S Y N T G Z P S
X F N H T M D L B P R L S S W E
M L E F U Z E Y J M O Q K W Y H
G A C P I H A I P O C U N R O C
S N T P S R D Y Z O C Q A R L G
W N J U N E E W O L L A H E E F
E E B P J I R E L P P A T D A E
A L D D R B H A V N Q K F I V V
T S C A R F T B E M R X E C E O
E E D I R Y A H D Q V D Y A S L
R N T B F O L I A G E D P F W C
```

MOVIES FROM A TO Z

AMISTAD

BLACK PANTHER

CHANGELING

DIE HARD

ENIGMA

FINDING DORY

GHOST

HONEYBOY

ICARUS

JUST MERCY

KING KONG

LEGEND

MILK

NON-STOP

OFFICE SPACE

PULP FICTION

QUIET PLACE (A)

ROCKETMAN

SHREK

TENET

UNCUT GEMS

VICE

WITNESS

X-MEN

YUMA

ZERO DARK THIRTY

```
L I M Y P U L P F I C T I O N
E Y T R I H T K R A D O R E Z
J N S O F F I C E S P A C E B
Q X I D S H R E W I T N E S S
U M M G Y L E N I G M A V D Q
I E A N C C H A N G E L I N G
E N Y I R T T M A H Y S C O S
T A U D E E N T G O O C A N M
P A M N M N A E N S B A R S E
L H I I T E P K O T Y M U T G
A E L F S T K C K H E U S O T
C I K X U T C O G V N Y O P U
E D I M J R A R N S O H G F C
C D N E G E L D I E H A R D N
F S H R E K B E K K E C I V U
```

Answers on page 184.

UP IN THE SKY

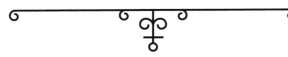

AIRPLANE

BAT

BIRD

BUTTERFLY

BUNGEE JUMPER

CROP DUSTER

HANG GLIDER

HELICOPTER

HOT AIR BALLOON

FLYING SQUIRREL

JUMBO JET

KITE

PARACHUTE

PARASAIL

ROCKET

SATELLITE

SEA PLANE

SKYDIVER

ZIP LINE

```
Y  L  F  R  E  T  T  U  B  A  B  S  Y  U  T
E  N  I  L  P  I  Z  X  A  G  U  P  F  F  S
X  L  E  R  R  I  U  Q  S  G  N  I  Y  L  F
P  R  E  V  I  D  Y  K  S  F  G  R  C  Z  E
A  R  T  E  J  O  B  M  U  J  E  H  R  D  G
R  I  G  S  N  K  C  F  S  B  E  A  O  R  K
A  X  R  Y  N  R  I  A  W  L  J  N  P  I  X
C  P  P  P  D  U  T  T  I  E  U  G  D  B  J
H  U  A  U  L  E  C  C  E  R  M  G  U  T  L
U  T  D  R  L  A  O  M  O  X  P  L  S  C  B
T  Q  Q  L  A  P  N  C  C  E  I  T  A  A
E  Z  I  K  T  S  K  E  L  D  R  D  E  G  T
A  T  I  E  S  E  A  P  L  A  N  E  R  G  J
E  G  R  K  T  R  G  I  L  L  R  R  P  C  S
H  O  T  A  I  R  B  A  L  L  O  O  N  C  O
```

Answers on page 184.

OLYMPIC NATIONAL PARK

ALPINE

CEDAR

CHAR

FJORD

FLORA

GROWTH

MONTANE

MOSSES

OLYMPUS

RAINSHADOW

SITKA

TECTONIC

TEMPERATE

TROUT

VAST

WILDFLOWERS

```
R R Z O D T X X A R O L F S S W
T W W E P R E A U Z V T Y I X T
O R C C F A O M X W K B T O B F
R C O N K I P J N C K N I Y O
S U E U L N F X F E A T V R C J
U F E W T S C Z D D R K N M Q C
P P W C L H N C F E A A O V J Z
M T Z E S A N M Q A S T S O A
Y L G D W D D J C B S A U E L B
L E E A Q O Z I I E Q I T E S A
O T V R J W N Z S C X T O N H D
F R S Q V O W Q R A H C R I O E
X G R A T R G H T W O R G P Q M
A L L C V E O H F E I B C L I W
G V E A T D P D Y G U Y G A D Z
N T J W I L D F L O W E R S I Z
```

THIMBLE

COVER

CUSTOM

FINGERS

HEIRLOOM

HOME

KIT

KNIT

MEND

NEEDLE

PROTECT

REPAIR

SEW

SILVER

STITCH

THREAD

THUMB

```
N A T H R E A D U A Q L D E S T
N Y M C O L R U U O B R U M T D
U B C O H E I R L O O M O D I G
W E S V K U R H Z Y B T J M N Q
I R D E H E H P D P S V R U K E
Y C G R P L P R H U A T T B M S
S E C A G Y R F C C Q Q H F V A
M X I M Z Q O O I F T V O U G D
Y R T E K K T J D N K I Q J M J
Y K I X Q Q E O P W G I T Y D B
D S O J X K C M D R E E T S W M
G S P D X B T A O L L A R G E G
W W N O F J M M S H D R Y S A B
J E U A W H K I S D E X F A C C
M F M R W K V I B G E D G M N Y
H E R E V L I S F L N U G R U P
```

A TO Z

ABACUS	NERVE
BEGUILE	OBOE
CORNER	PRAYER
DITZ	QUILL
ERROR	RUGBY
FORWARD	SILVER
GIMMICK	TRIUMPH
HEALTHY	UNITED
INFANT	VERANDA
JIGSAW	WHIFF
KIOSK	XEROX
LAUNCH	YELLOW
MOUNTAIN	ZESTER

```
F O R W A R D H E A L T H Y W
C A Y C E R T R F S T L R H E
W O L L E Y A X D K E O I I L
J P R Y L M K J E D R F K N I
S M A N B X I V V R F Y C F U
X R S N E G C E E N O P I A G
P H Z I S R O Q V T S X M N E
A C N A B A C U S R R B M T B
D N W T R Z B I M I E D I T Z
N U Z N G R T F N U V N G U L
A A E U Y V U Q B M L G U N K
R L S O V R P G D P I S R I B
E S T M O B O E B H S L O T K
V F E N Q I Y L H Y B S L E V
O V R A J Q U I L L K M M D Y
```

Answers on page 185.

SUMMER __

BLOCKBUSTER

BREAK

BREEZE

CAMP

FESTIVAL

FLING

GAMES

GARDEN

HOURS

HOUSE

INTERNSHIP

JOB

OLYMPICS

RETREAT

ROMANCE

SCHEDULE

SCHOOL

SEASON

SOLSTICE

SPORTS

STORM

SUN

TIME

VACATION

WARDROBE

WEATHER

WEDDING

A V H M E N C V K L K H I C K V
F E B O R D R A W Z Q E N A X S
S M Y F B L O C K B U S T E R P
W Q U D I M L A O E E O E Q Y O
J M R O T S Y T Z S O L R Z F R
N O S S B V M I H Z C S N T R T
O E B U K Y P O S L S T S I O S
S Z W N F W I N J C C I H M M T
A E W M H E C F A J H C I E A B
E E Q E G S S H F V O E P H N R
S R X P A A H T O F O W D M C E
S B Y L J T R H I U L E E U E A
C A M P H T H D C V R I E O L K
O Q E S U O H E E E A S N N L E
W E D D I N G D R N J L Y G S A
Z P R D T A E R T E R S E M A G

Answers on page 185.

EUROPEAN CAPITALS

AMSTERDAM

ATHENS

BELGRADE

BERLIN

BERN

BRATISLAVA

BUCHAREST

BUDAPEST

LONDON

MADRID

OSLO

PRAGUE

REYKJAVIK

ROME

SOFIA

STOCKHOLM

VALLETTA

VIENNA

VILNIUS

WARSAW

ZAGREB

```
P E J G R S U O S L O Q H G A E
G T B A T T E L L A V R N U O M
O X E D M B Z P W Z N X O X M O
B R R B E R N A L T K M D N M R
A A G E L Z S B S I A H N L D N
N S A O Z R W E V D V S O I N D
N B Z M A Z R A R O X H L I I Y
E G D W O A J E N L K N L R A A
I K S H H K T Q G C Q R D Q I B
V T U C Y S K T O R E A E B F P
R M U E M Z G T C B M R J M O A
M B R A T I S L A V A R H N S T
V E D A R G L E B P R A G U E H
R H C O V I L N I U S L F Y E E
F B U D A P E S T C T M Z P K N
B W F X P E I F A F Y M H Q A S
```

Answers on page 185.

TEA KETTLE

BLOW	RELAX
BOIL	SIP
BOWL	STEAM
BREAK	STIR
CUP	STOVE
HANDLE	TASTE
HEAT	WATER
POUR	WHISTLE

```
L H Y W F X F B R E A K H N S D
U J M A M H K M A E G L R E F O
S H V T A L F D F U I L C T Z J
V A O E E G P I S O U I W J C S
P A J R T U Y Z B E E O P O A H
T P W S S G R O I V H Y M J B B
T Q W W W N F J O X W O I J G H
P A V S E N F T S I R G G V T
P K S V E L S M Z Y B O Z W R V
B K D T K A T H C J W O L B L P
P A M E E A F S U A I C E D F P
U Z K L R S P X I R Z H M W O L
C T P E Q H M Z N H X F I U P W
H A L B I E M D U R W B R C M A
R A B Z S A E L D N A H R Q E T
X R G B V T X R Q I Q Z K L Q Z
```

GRIMMS' FAIRY TALES

BRIAR ROSE

CINDERELLA

CLEVER HANS

FROG PRINCE

FUNDEVOGEL

GOLDEN KEY

GOOSE GIRL

HANSEL AND GRETEL

JUNIPER TREE

RAPUNZEL

RED RIDING HOOD

ROBBER BRIDEGROOM

RUMPELSTILTSKIN

SEVEN RAVENS

SIX SWANS

SNOW WHITE

SNOWDROP

TOM THUMB

TWO TRAVELERS

```
D O D P U V E R I V B F X G E M Y
S S P O R D W O N S U X O S D Z R
N N R R O R O X B N V L O K R O N
O A A R X H C H D H D R U X B I B
J H P D F O G E S E R O T B K L M
U R U A R E V N N A S X E S Z O U
N E N U A O A K I N C R T X L Z H
I V Z I G W E R E D B L J O A Y T
P E E S Y B V L R I Z B U S A M
E L L X F I A X I T E R R X W E O R
R C I M E R C D S D B I D F J J T
T S H A N S E L A N D G R E T E L
R L S E W G E G O O S E G I R L E
E J V P R P A L L E R E D N I C O
E E R O M W F R O G P R I N C E F
S M O U T S N O W W H I T E S D F
I M R Z T W O T R A V E L E R S T
```

Answers on page 186.

MYTHICAL CREATURES

BASILISK

CENTAUR

CERBERUS

CHIMERA

CYCLOPS

FAUN

GRIFFIN

HARPY

KRAKEN

MINOTAUR

PEGASUS

SIREN

UNICORN

VAMPIRE

WEREWOLF

WYVERN

ZOMBIE

```
P E G A S U S P O L C Y C
O A S V Y G E R I P M A V
G S U R E B R E C N K O D
N S P M H B R I R H H F W
E N E R I S A O F Y F E N
K U G P C N C S Y F R G A
A Q E E V I O I I E I R Y
R U A T N E C T W L E N H
K X U U R I V O A M I A D
X M A T E O L X I U R S N
T F U I V F B H X P R L K
L S Y R Y N C N Y V Z M K
L G G E W D G Z O M B I E
```

R NAMES

RACHEL	RICHARD
RALPH	RICKY
RAMONA	RILEY
RANDY	RITA
RAUL	RIVER
RAVEN	ROAN
RAYMOND	ROBBIE
REAGAN	ROBERT
REBECCA	ROBIN
REESE	RODNEY
REEVES	RONALD
REGGIE	RORY
REGINA	ROSALIND
REID	ROSCOE
RENE	ROSE
REX	ROXIE
RHEA	RUBY
RHETT	RUTH
RHONDA	RYAN

```
H D I E R N A Y R R R X E R D O
R O A N G Y E N D O R E K U L M
H P L A R H U D R A H C I R A Y
C N R I C H A A M R O B E O N A
R Y I G E R Y O R V R B K S O R
R O K B K M N N O L E H C A R A
A H D C O A G E S C A E I L O N
E T E N I R G V C G G E R I S I
H U D R R R A B R A C H N C G
R R E U R A E R E A N O R D O E
R N B R N E O I H R S E V E E R
E Y H D O X B L B E R L B G O E
H A Y R I R C E R B T E U B R G
R I V E R I Y Y C B O T E A O G
X R O S E T A D N O H R M S R I
R O X I L A S O R R T O I A E E
```

Answers on page 186.

BAKING

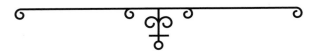

BREAD

CONFECTIONARY

COOKIES

COOLING

CURING

DECORATING

DESSERT

DOUGH

FROSTING

GINGERBREAD

KITCHEN

KNEAD

MUFFINS

OVEN

PAN

PASTRY

RECIPE

TOAST

```
W R Q G I R D R Z P F U G M K D
D D K S Z Q D M D A U N E F Q V
I E T H I S B P X N I M C R R F
G Y S N I F F U M T Q B O L T X
D K D S X Z D T A O P D N L S O
O X A X E D Q R L L C W F V E U
U J E Y R R O S I R R U E T I S
G X N F T C T X C P E O C B K G
H C K T E O V E N J K C T L O N
D U P D A E R B R E G N I G O I
P R Z U M B F J K K J Q O P C L
A I P O S T S X M Q C D N X E O
S N A A S G S S C K D Y A M O O
T G S A W N G N I T S O R F M C
R H O B R E A D G T Y S Y Z V R
Y T V V V V K I T C H E N S G Z
```

JENNIFER, JENNY, OR JENNIE

ANISTON

BEALS

CAPRIATI

CONNELLY

CRAIG

GARNER

GARTH

GREY

HUDSON

JASON LEIGH

JONES

LAWRENCE

LEWIS

LOPEZ

LOVE HEWITT

MCCARTHY

MORRISON

SLATE

TILLY

```
K  L  N  V  U  I  N  S  S  D  I  U  Y  Q  L  T
Z  M  W  P  Z  O  H  F  O  K  L  L  R  K  T  S
E  G  W  E  S  N  M  B  Y  K  L  D  Y  I  I  B
P  E  A  D  H  E  I  K  J  E  N  U  W  W  R  E
O  D  U  R  U  Z  I  N  N  U  G  E  E  D  H  A
L  H  D  V  T  X  Z  N  F  X  H  L  C  A  H  L
F  L  U  B  G  H  O  E  N  E  P  Z  H  X  P  S
Y  H  T  R  A  C  C  M  V  M  V  E  Y  X  S  X
L  B  F  R  J  A  S  O  N  L  E  I  G  H  R  M
A  R  I  C  W  P  L  W  S  A  Y  Q  K  R  M  K
W  E  E  G  X  R  U  X  Q  U  N  I  D  O  W  O
R  N  T  Q  K  I  C  R  A  I  G  I  M  E  O  T
E  R  A  V  F  A  X  M  O  R  R  I  S  O  N  H
N  A  L  K  E  T  G  L  G  W  A  E  J  T  A  S
C  G  S  P  S  I  Y  E  R  G  T  O  G  Y  O  R
E  C  F  J  O  N  E  S  T  I  L  L  Y  G  Q  N
```

Answers on page 187.

ON THE WATER

BARGE

BRIGANTINE

CANOE

CATAMARAN

CORACLE

DHOW

DINGHY

FERRY

GALLEON

GONDOLA

KAYAK

RAFT

SAILBOAT

SAMPAN

SCHOONER

STEAMBOAT

TRIREME

YACHT

```
T D N P F L G O N D O L A
B R I G A N T I N E R C T
S C H O O N E R N K A A R
Q S A R M Z X F T Q F N W
T T W T V X V T E U T O G
B E T A A N T B L R H E A
A A A R S M X R Q D R C L
R M O K A Y A K I D O Y L
G B B Z M B H R I R R Z E
E O L V P I K N A J E J O
K A I P A X G C O N P M N
X T A N N H L D F Z B Y E
X B S I Y E P K Y A C H T
```

Answers on page 187.

CALL ME JAMES

AGEE

ARNESS

BALDWIN

BOSWELL

BROLIN

BROWN

BUCHANAN

CAAN

CAGNEY

CLAVELL

COBURN

COOK

GALWAY

GARFIELD

GARNER

HOBAN

HOFFA

IVORY

JONES

JOYCE

LEVINE

MADISON

MASON

MICHENER

MONROE

POLK

SPADER

STEWART

TAYLOR

THURBER

WATT

WHITMORE

WOODS

```
I  C  E  J  J  R  N  F  A  S  B  T  M  E  Q
M  M  A  S  O  N  L  O  E  Z  P  T  P  N  L
P  M  B  E  N  L  H  J  S  I  M  A  P  I  L
J  O  Y  C  E  R  O  M  T  I  H  W  D  V  A
T  N  K  W  S  G  P  N  C  C  D  Q  E  E  L
M  R  S  N  A  N  A  H  C  U  B  A  N  L  R
N  O  A  R  E  B  E  C  O  O  K  I  M  L  O
B  E  N  W  O  N  R  B  Y  Q  B  L  R  Y  L
A  E  F  H  E  H  R  O  A  R  Q  U  O  J  Y
R  N  M  R  O  T  M  V  W  L  O  V  R  P  A
N  H  I  J  N  F  S  I  L  N  D  V  H  N  T
E  M  D  L  E  I  F  R  A  G  X  W  I  K  M
S  R  X  I  O  X  C  A  G  N  E  Y  I  Y  C
S  D  O  O  W  R  C  L  A  V  E  L  L  N  Y
M  I  R  F  R  E  B  R  U  H  T  G  W  Y  Y
```

Answers on page 187.

MOMS ON TV

CAROL BRADY

DEBRA BARONE

ELYSE KEATON

ESTELLE COSTANZA

HARRIET NELSON

HARRIETTE WINSLOW

JILL TAYLOR

LORELAI GILMORE

LOUISE JEFFERSON

LUCILLE BLUTH

MARGE SIMPSON

MARIE BARONE

MARION CUNNINGHAM

MARLA GIBBS

MOIRA ROSE

RAINBOW JOHNSON

REBECCA PEARSON

TAMI TAYLOR

W L I E M D E B R A B A R O N E
N O S R A E P A C C E B E R H S
N U L Y H G Y F N Z H E C E T T
O I C S G J Q M R U A H A R U E
S S N G N Z T A O R R P R O L L
N E O M I I J R L O R M O M B L
H J T A N E W G Y L I A L L E E
O E A R N Q M E A Y E R B I L C
J F E I U P O S T A T L R G L O
W F K E C M I I I T N A A I I S
O E E B N I R M M L E G D A C T
B R S A O L A P A L L I Y L U A
N S Y R I E R S T I S B R E L N
I O L O R H O O F J O B U R I Z
A N E N A N S N U H N S U O A A
R N G E M P E J X R X S G L L H

IT'S A PROMISE

ACCORD

AGREEMENT

ASSURANCE

BOND

CONTRACT

DEAL

GUARANTEE

OATH

PACT

PLEDGE

PROMISE

SECURITY DEPOSIT

TREATY

VOW

WARRANTY

WORD OF HONOR

```
T T C A P O W U E N T T C Z O
I K B G B E Q A R R Q Q Z O E
S W O R D O F H O N O R B Y G
O K N E A S S U R A N C E D D
P N A E H C U Q U D M M Q D E
E L W M V J C J Q Z N S L Y L
D S A E U N V O N R F O P N P
Y G R N G K W K R V T U B T Q
T P R T Z M A J U D L G L S J
I R A T C A R T N O C H V G J
R O N M H W Z T R E A T Y T K
U M T I X G U A R A N T E E U
C I Y K K V C O A T H I V V Q
E S P D C R W F E A R S O X K
S E J B E F I T N E A T W N U
```

Answers on page 188.

ROMAN RULERS

AUGUSTUS

AURELIAN

CALIGULA

CARACALLA

CLAUDIUS

CONSTANTINE

DIOCLETIAN

DOMITIAN

HADRIAN

JULIAN

NERO

TACITUS

TIBERIUS

TITUS

TRAJAN

VALERIAN

VESPASIAN

```
H S W A E V N V P O Q B Z W Q
N F A C O A V P S R T G N N D
E F K R I N C L K U H W A I K
S A L L A C A R A C T I H C N
U Q U W O B C I S I R I O A A
I J N A A N R A R E C N T L I
R Z A U Z A X W L D S N C U T
E I I G L J F A U T A G L G E
B T S U G A V G A I Z H A I L
I A A S Q R I N T P S S U L C
T C P T X T T I T Z T B D A O
Y I S U G I M V A N B G I C I
W T E S N O U W E C R Y U H D
Z U V E D Y T R J E B S S H R
F S C I H Q O N A I L E R U A
```

FAMOUS GARYS

BETTMAN	KASPAROV
BUSEY	LARSON
CARTER	NUMAN
COLE	OLDMAN
COLEMAN	PAYTON
COOPER	PLAYER
DELL'ABATE	SHANDLING
GLITTER	SHEFFIELD
HART	SINISE
JOHNSON	TRUDEAU

```
H P T Z E U V N A M T T E B D Y
N A O D Q C A R B U S E Y Q N O
L A R S O N E S C V A G L A G Z
B P V T C P T I Z E F V M J N P
S M Q Q O V A N G G U D O A I B
J E C O L T B I R F L P M T L L
P U C M F H A S E O L E A Z D F
G A I Y M I L E P P L R O O N R
D E B B J J L P V O R A P S A K
K D R N X O E I C M E V D B H G
E U C O Q H D L E I F F E H S L
L R D T N N Q V L S R E Y A L P
O T D Y A S C X M R X E W J G P
C E L A M O V C M S M V P U M Q
S F V P U N Q G L I T T E R Q O
D C C Y N W K N K Q R E T R A C
```

Answers on page 188.

MOVIE TICKET

ATTEND

AWARDS

CINEMA

DATE

DRAMA

EXCLUSIVE

GLAMOR

NIGHT

POPCORN

PREMIERE

SEATS

SEQUEL

STARS

STUB

VENUE

VIP

```
R W Z X D P Z P M N V N Z W U M
X A P X N L Y A I E S J B N C R
R O I I E T E G N X V S W K E I
Y H S R T A H R B C I E R I Y P
A C B Z T T O B D L X B T M H C
R J W X A C C T R U J Z D A I Y
R D M P P I V R A S H U K N D H
P X W O R L O H M I E W E B A Q
O U P I Q E V H A V X M J U N F
J S D G S Z M I Q E A S I T R T
U T H L C A B I L W O X Q S B G
N A E A T I W S E E V C A T J T
S E J M G Y F A T R U V E N U E
M S U O A W L B R A E Q U V V K
U W G R X C M L E D R Z E A B C
Z J Z A M M J R S K S S O S J W
```

MINDFUL ART

COLLAGE

COLORING

COMPASSION

CREATIVE

DRAWING

EMBODY

EXPLORATION

EXPRESSION

FLOW

INSIGHT

MOMENT

MOOD

NATURAL

PAINTING

PLAY

PRACTICE

SENSORY

STUDY

TOUCH

```
K G C N Y T L Y R O S N E S G T
Z R A O Z H O Q G U H Y L X V C
D H H I Q G N Z F Z F A U H H G
W S C T G I O C O R R L C P N V
P T U A A S I P E R K P R A A S
K U O R L N S U A B C D E I P R
M D T O Q I S C D N O G A N L E
O Y C L X I A G Q O A T T T K M
M P N P B N P V M L U X I I K B
E R A X Q C M M L C C A V N H O
N A T E F C O O Y O V X E G Y D
T C U Y J Z C O L O R I N G O Y
W T R F Y F C F V N L V Q Q A F
W I A L E X J R I O F I N V M G
J C L O L E X P R E S S I O N A
M E B W R G N I W A R D P M J G
```

SUMMER IN FOREIGN LANGUAGES

ALSAYF (Arabic)

ESTATE (Italian)

IHLOBO (Zulu)

KALOKAIRI (Greek)

KESÄ (Finnish)

LATO (Polish)

MAJIRA (Swahili)

MÙA HÈ (Vietnamese)

MUSIM PANAS (Indonesian)

NYÁR (Hungarian)

RAUMATI (Maori)

SOMMER (German)

SUMMER (English)

SUVI (Estonian)

VERANO (Spanish)

VERÃO (Portuguese)

XAGAAGA (Somali)

YAZ (Turkish)

YEOLEUM (Korean)

ZOMER (Dutch)

```
A N S O M M K A L O K A I V
R R E R N K N A P M I S U M
E E S A N A P M I S U M T A
V M T N P L R V A M U A R S
E O A Y E O L E U M G J Z E
L Z T A L K L R V U S I I K
O M E I X A G A A G A R H U
E U J F L I H L O B O A L V
Y A R S P R A U M A T I O R
M H A U V I S U V I F M E E
N Y A M E E H A U M O M R M
F Y G M R T A L S A M T Y O
T N A E A M M U S O N Y A P
K R X R O U A T S E K Y Z L
```

Answers on page 189.

SOURCES OF PROTEIN

ALMONDS

BEEF

BROCCOLI

CHEESE

CHICKEN

CHICKPEAS

EGGS

FISH

LEGUMES

LENTILS

MILK

NUTS

OATS

PEANUT BUTTER

PORK

POULTRY

PROTEIN BARS

QUINOA

SALMON

SEAFOOD

SEEDS

SEITAN

SHAKES

SOYBEANS

TEMPEH

TUNA

TURKEY

WHEY

YOGURT

```
D U Q F P O U L T R Y S D A P
S E L E N T I L S W O N C R K
E E R E T T U B T U N A E P C
K S E B S P O R K W F E T K B
A D X D T A Y X U H G B B S B
H N M C S G L E X E T Y R D C
S O G Z D T Z M K Y C O O O H
I M T R U G O Y O R C S C O E
F L N N S G E N C N U T C F E
J A A U N S E I T A N T O A S
M H D T G K S E M U G E L E E
I Q A S C A Q U I N O A I S R
L D G I N O Q G I T E M P E H
K G H S R A B N I E T O R P R
E C H I C K P E A S L J C E F
```

Answers on page 189.

13 ORIGINAL STATES

CONNECTICUT

DELAWARE

GEORGIA

MARYLAND

MASSACHUSETTS

NEW HAMPSHIRE

NEW JERSEY

NEW YORK

NORTH CAROLINA

PENNSYLVANIA

RHODE ISLAND

SOUTH CAROLINA

VIRGINIA

```
K S A M A S P A C H U S E D D
T T I K N E D G S S R N N N L
U T G L I R G L D J I A A S R
C E R O L I L H D G L L I R N
I S O R O H T G R Y S E E A E
T U E A R S C I R I D J I N W
C H G C A P V A E O W N E R J
E C G H C M M D H E I W V U E
N A R T H A O R N G Y H L K R
N S O U T H C A R O L I N A S
O S E O R W L I O I U U P N E
C A G S O E V V A W A L E D Y
N M P E N N S Y L V A N I A R
Y C C J K R O Y W E N T A I N
S M A R Y L A E R A W A L E D
```

 Answers on page 190.

GREEK MYTHOLOGY

APHRODITE

ARACHNE

ARES

ARIADNE

ATHENA

DAEDALUS

EUROPA

HADES

HECATE

HERA

HERACLES

HERMES

HESTIA

HIPPOLYTA

KING MINOS

ODYSSEUS

PANDORA

PERSEPHONE

PERSEUS

POSEIDON

PROMETHEUS

SISYPHUS

THESEUS

ZEUS

```
J E E P D Z O A Y Y A S N S N H
H A U A S G A L K T U B U R Q E
E A E N U Z K V Y E I L E S C R
C N T D E G H L H N A N U B J A
A E I O Z X O T Q D D E B X B S
T H D R G P E P E A S Y S O S E
E T O A P M P A I R H F E H U L
N A R I O C D R E X K B R S H C
E C H R A D A P B Y I H A U P A
N X P E R S E P H O N E J E Y R
H S A S U F F U A B G S L S S E
C S U E S E H T P P M T S S I H
A Y P O S E I D O N I I C Y S B
R Q D O P S I C R G N A S D R J
A H E R M E S P U I O Q H O T X
U N A X D K P K E Q S H A D E S
```

BISCAYNE NATIONAL PARK

BAY

BISCAYNE

BOATING

CORAL

DIVING

FLORIDA

LAGOON

MANATEE

MANGROVE

MIAMI

REEFS

SEA

SNORKEL

SWALLOWTAIL

SWAMP

TURTLES

```
B G Z O G N I T A O B F M F F G
S N O R K E L Y N R S O O C M M
X C U Y I Q E A F J D W B K V W
Z O I N U W I B X L P G A Q J T
E Z B I S C A Y N E O M Z M S U
B D O D I M A I M E A R K Q P R
H L A L L W J Q N N E M I M Q T
H E J F A J C Y G K T T Y D N L
S W O L T G R R N W Q D A J A E
X L I A T W O L L A W S Z N A S
M L L G O V D O A V M P P M A D
C S R S E R I E N V Q P N S T M
F X A P Q M V W O Q O S P F C P
C O R A L Q I F A Y T N T E A F
H B L E M E N J X J T L E E F V
F O E A L H G Y Z U M E N R R L
```

JAPANESE ONSENS

ARIMA	NOBORIBETSU
ASAMA	NYŪTŌ
ATAMI	OBAMA
BEPPU	ŌFUKA
DŌGO	SHIMA
FUNAOKA	SHUZENJI
GETO	TAKARAGAWA
HAKONE	UNZEN
IBUSUKI	WATARASE
IKAHO	WAKOTO
KAWAYU	YAGEN
KINOSAKI	YUFUIN
KUROKAWA	YUNOKAWA
KUSATSU	YUNOMINE
NARUKO	ZAŌ

```
U R A R I M A H A K O N E G L H
F N F U N A O K A V K N G Z Z S
F N Z B N Y U T O E U Y W J T H
H L O E A S A M A S R L X E Z I
X H S B N W C K I N O S A K I M
I Y U N O K A W A L K G E I R A
B T A K A R A G A W A E O K Y L
U Y U N O M I N E T W T B A A N
S Y E S R N A B K N A O A H G S
U K Y P H W M A E U Y R M O E T
K A O U T U A O T T S V A J N N
I W F M F B Z K F A S A P S P A
T A M Q Z U E E O U M U T C E R
X Y X R K A I P N T K I G S K U
I U N T K E O N P J O A I W U K
C N C D O G O M V U I N P J V O
```

Answers on page 190.

SPACE

ANDROMEDA

ASTEROID

BLACK HOLE

COMET

CONSTELLATION

GALAXY

MAGNETAR

METEORITE

MILKY WAY

MOON

NEBULA

NEUTRON

ORBIT

PLANET

PULSAR

QUASAR

SATELLITE

STARS

SUN

SUPERNOVA

L X L Q L R T D R T T P F U N R
F R N Y D L F L R U H L L K L A
S R A T S F H N O O M A L C N T
A R B X R A S A U Q U N T O S E
N V L Y O N D B S Z U E I Y I N
D I A S T E R O I D L T F M R G
E P C N G O R J N U A U R W R A
Y E K O D Q R P U L S A R I O M
A T H N M R H B L X V W N O M E
W I O E M E O E I J F U E O C F
Y L L U I D T M V T F A P N W H
K L E T P S W W E N N E B U L A
L E U R N E C Y Y D G A L A X Y
I T T O N S U N L Q A G G U D B
M A C N U B I S U P E R N O V A
Z S A A D F E T I R O E T E M W

Answers on page 191.

EASY COME, EASY GO

ACQUIRE

ATTAIN

BARGAIN

BAZAAR

BUY

DEAL

DISCARD

DONATE

GAIN

GET

GIVE AWAY

HAGGLE

HAWK

MARKET

OBTAIN

PEDDLE

PROCURE

PURCHASE

SELL

SHOP

STALL

STORE

TRADE

VEND

```
B  A  R  G  A  I  N  E  D  A  R  T  B  S  G
D  Q  S  N  F  I  S  J  D  V  H  W  H  I  Z
R  A  T  T  A  I  N  J  N  B  E  O  V  S  N
X  A  H  J  A  Y  R  I  C  L  P  E  L  I  O
R  E  E  R  C  L  A  C  D  N  A  W  A  F  W
S  A  L  C  Q  T  L  D  G  W  P  G  E  T  B
N  K  Z  G  B  M  E  E  A  K  J  R  Z  A  T
E  D  R  O  G  P  T  Y  K  M  O  L  Z  X  E
R  O  B  C  B  A  Z  Q  X  T  K  A  N  K  K
U  N  P  U  R  C  H  A  S  E  A  T  U  A  R
C  A  V  T  Y  Q  A  O  C  R  V  E  N  D  A
O  T  F  A  R  D  W  R  L  L  E  S  Z  D  M
R  E  Y  D  D  R  K  E  A  C  Q  U  I  R  E
P  W  M  W  L  M  M  R  E  Y  S  V  B  Q  P
J  Y  Z  W  L  B  A  F  D  R  A  C  S  I  D
```

 Answers on page 191.

ROLLING PIN

COOKIES

DESSERT

DINNER

DOUGH

KITCHEN

PASTA

PASTRY

PIE

PINCH

PREPARE

PRESS

PUSH

ROLL

STAPLE

SUPPER

TRADITIONAL

```
T H H C N I P I R I T B K K G L
K A N O I X T U U Z P I Y C Y D
F T D O U G H Q B T T U G P Q W
X S O C D S G U E C U I S Q F O
P A T T Z E S G H I Q O N H F B
A P E R H F S E I K O O C C W L
S T K E H R N B R L A F B V A J
T K D S R O Q U X P F G P N H E
R B K S P L H P D H F C O C L M
Y S Z E K L M G E E I I N P F P
D G U D Q E D Q I R T N A L Y F
O W K P V A U P X I A T Y B U C
N Q X X P W A P D L S P K G G B
Y W A B J E W A Q Z K G E C V O
A L I Q W H R R H L L F F R K Q
A Z E M Q T D I N N E R G X P V
```

Answers on page 191.

J

JACKET	JOKING
JANITOR	JOUST
JANUARY	JOYSTICK
JAVA	JUGGLE
JAZZ	JUICE
JEALOUS	JUMP
JELLYFISH	JUNGLE
JERSEY	JUNIOR
JESTER	JUNK
JEWELRY	JUPITER
JIGSAW	

```
K Z J V O G J B G T A M N A U
J U N G L E J A D N H Q V Z E
D X P B I V A Y N S I A Z A G
I J J U N K Z J I U J K E Y N
C U K J U G Z F E W A V O C Z
J P M U J P Y V K A S R B J S
A I Y I M L J E W E L R Y O Z
N T T C L J E R S E Y O X J J
I E N E J Z V R E J I I U S A
T R J U N I O R B T K R Q S C
O N D Y D N G J O Y S T I C K
R J U G G L E S U O P E M S E
B J O U S T E M A M D B J H T
S X F J Q D V P S W Q L T C D
X F I O V Q N J W V P Y U C M
```

 Answers on page 191.

WORDS CONTAINING USA

ACCUSAL

ACCUSATION

BABIRUSA

CASUALLY

CASUALTY

CAUSATIVE

CRUSADE

EXCUSABLE

FUSAIN

HYDROMEDUSA

MENOPAUSAL

OCCLUSAL

RECUSANT

REFUSAL

SAUSAGE

SPOUSAL

THOUSAND

UNUSABLE

USABLY

USAGE

```
U S A G E F D N A S U O H T
A X U R C R E C U S A N T L
S X A L A S U F E R U S A B
U L R C E L B A S U C X E P
D P E G C F I B A S R S C A
E Y L L A U S A C C U S A L
M Y M X F S S B C A S I U E
O X L U E A U I U S A L S L
R Y S B U I F R S U D A A B
D A B S A N E U A A E S T A
Y L A A X S R S T L L U I S
H G N M A O U A I T R O V U
E L A S U L C C O Y T P E N
V L A S U A P O N E M S Y U
```

SOUTH AMERICA

ARGENTINA

BOLIVIA

BRAZIL

CHILE

COLOMBIA

ECUADOR

FRENCH GUIANA

GUYANA

PARAGUAY

PERU

SURINAME

URUGUAY

VENEZUELA

```
W V F X Z Y Z W G X D E
P A R A G U A Y L S V M
E R E O I U J U B J E A
W G N I D B Y S G Y N N
U E C P Y A M A L U B I
I N H P E R U O N O R R
N T G D B C O C L A S U
A I U W T K H I E O U S
D N I E O I V P X Y C Q
L A A B L I Z A R B F U
Y I N E A C F A K U C K
X G A L E U Z E N E V Z
```

TV SET

ANCHOR	RANGE
BROADCAST	RERUN
CABINET	SET
DIAL	SHOWS
HOME	SPECIAL
KNOB	STUDIO
LIVE	TRANSMIT
RABBIT	VOLUME

```
Z N O M G Z X L D I A L L R Y R
A Q L G L O R A E B R R A J X T
Y R J A I I K D T U J M T A E T
Y A Z D I I V U D R Z W P S A E
J B U M G C W E S W O H S N V N
L T R T R P E M U L O V C H C I
S P X O I N V P K J V H Y I N B
O I T V A N U N S M O T W Q L A
O C F C Y D O R C R I K S C Z C
H H W O R B C K E M B Y H L D E
S N E B A H X A S R J Z F S U G
H Q G R B X N S J S X Z W A N
O Z T E B Q A O G T K L Q B P A
M N Z V I R Y D R F Q E V S B R
E R C I T K H D U B D I G J N R
A S L V N B T R K W U T R I G T
```

RHYMES WITH SUMMER

BUMMER

DRUMMER

DUMBER

FLUMMER

GLUMMER

GUMMER

HUMMER

MIDSUMMER

MUMMER

NEWCOMER

PLUMBER

STRUMMER

THRUMMER

```
S N T I O T F N A G R X X
B U N H U M M E R H Q W P
X G U R E M M U L F Z G R
M T R F R D X D R G R X E
R H E K E M X E R R T O V
E X M I M U M R E F W P
M M M T M M F S M E R F L
M B U B U M K C O M I M U
U X L B R E D P C M E A M
G X G F T R Q R W U C X B
P M I D S U M M E R O X E
U D R U M M E R N H Z Y R
X Z R R E B M U D T M O E
```

ANSWERS

"Q" Words
(page 4)

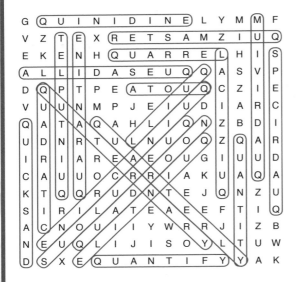

Better to Give
(page 8)

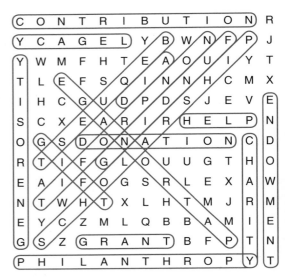

Pocket Watch
(page 6)

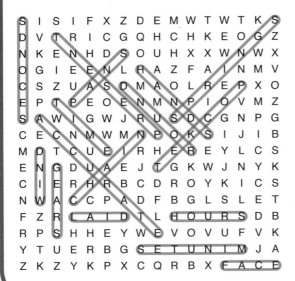

Olympic Sports
(page 10)

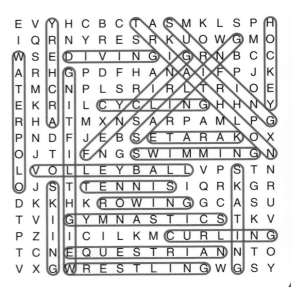

ANSWERS

Meditation
(page 12)

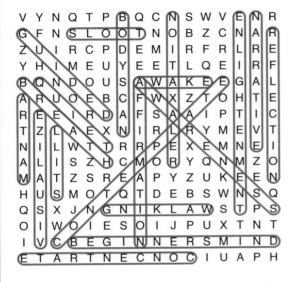

Cheers!
(page 16)

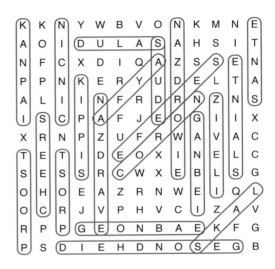

Founding Fathers
(page 14)

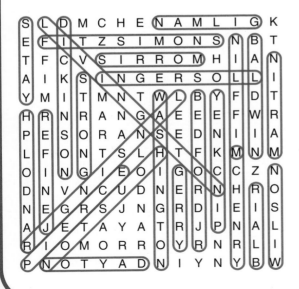

Petrified Forest National Park
(page 18)

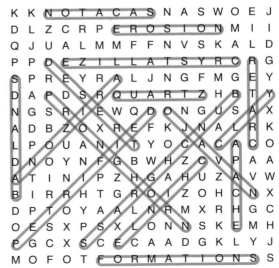

ANSWERS

Phone Book
(page 20)

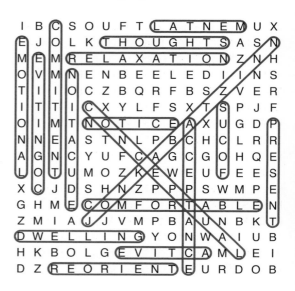

Mindfulness
(page 24)

L-to-L
(page 22)

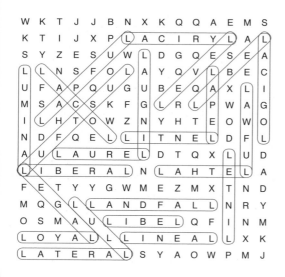

Thirteen Words
(page 26)

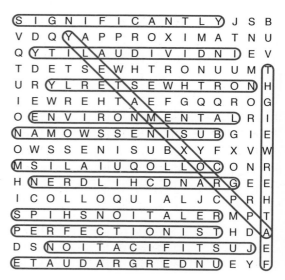

ANSWERS

Poodle Skirt
(page 28)

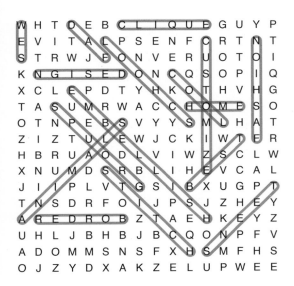

Tea
(page 32)

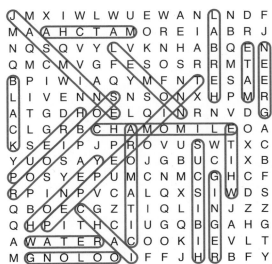

Tree-Dwelling Animals
(page 30)

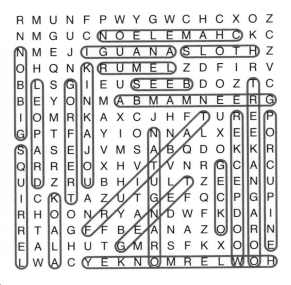

Typewriter
(page 34)

ANSWERS

Common Place Names
(page 36)

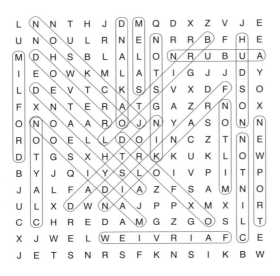

Rhymes with Fine
(page 40)

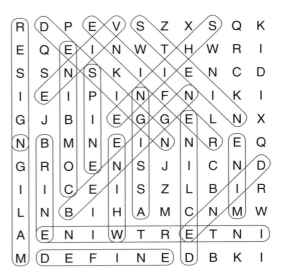

Constellations
(page 38)

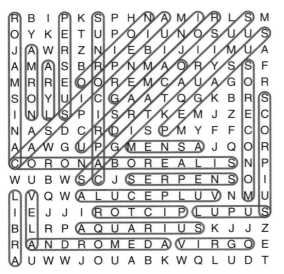

Journaling
(page 42)

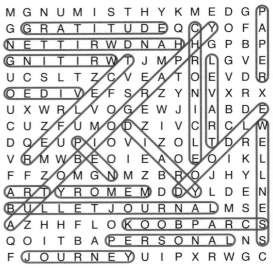

ANSWERS

Special Delivery
(page 44)

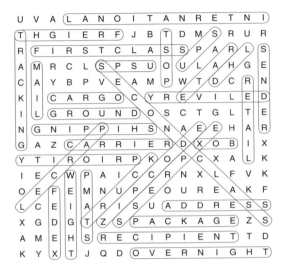

PER-fect Puzzle
(page 48)

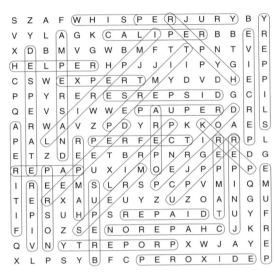

Lantern
(page 46)

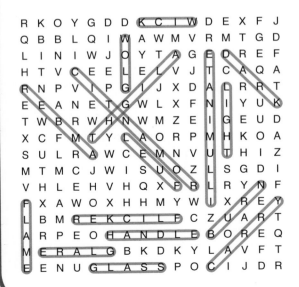

Top 1960s Baby Names
(page 50)

ANSWERS

Freeze
(page 52)

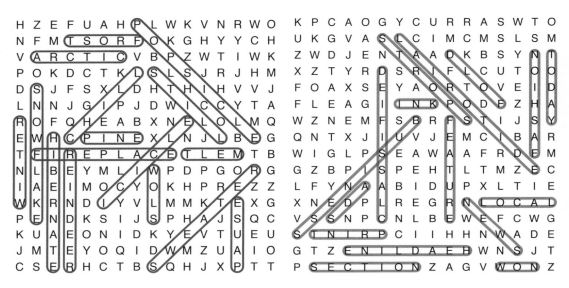

Newspaper
(page 56)

Types of Boats
(page 54)

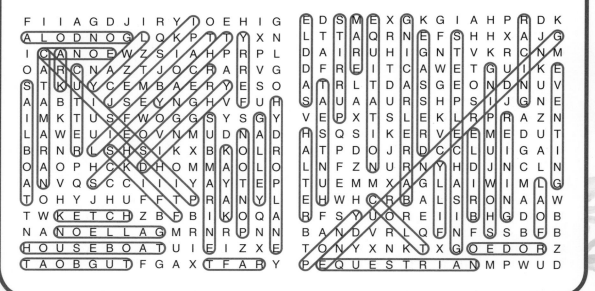

Horses
(page 58)

ANSWERS

Nature
(page 60)

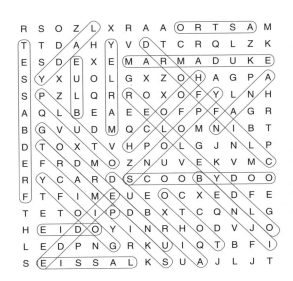

```
I  K  R  K  O  F  Q  V  M  T  R  E  P  K  B  V
B  G  B  X  R  O  M  O  O  L  B  A  Q  K  B  G
E  R  Z  Y  D  R  L  A  I  N  N  E  R  E  P  I
J  H  I  L  M  E  Q  G  L  A  E  R  E  H  T  E
H  J  E  S  M  S  F  Z  Z  G  F  A  U  N  A  B
I  I  D  O  K  T  J  O  V  E  R  D  A  N  T  U
F  I  T  L  A  I  T  S  E  L  E  C  A  O  S  Y
E  D  L  V  R  E  V  K  T  I  V  X  F  T  P  F
U  Y  G  Q  G  T  W  O  D  A  E  M  J  T  S  O
V  L  P  C  S  P  O  O  N  D  R  I  F  T  I  X
P  L  D  B  L  C  O  A  S  T  G  N  J  A  R  B
E  I  K  N  A  B  R  E  V  I  R  O  A  A  C  B
F  C  J  M  G  R  O  V  E  L  E  W  M  A  Z  N
P  Z  Y  V  E  M  W  L  F  T  E  O  V  W  H  G
R  V  A  L  L  E  Y  M  O  O  N  G  L  A  D  E
B  U  I  F  Q  A  M  T  Z  X  M  D  L  I  W  G
```

Dogs of TV and Movies
(page 64)

```
R  S  O  Z  L  X  R  A  A  O  R  T  S  A  M
T  T  D  A  H  Y  V  D  T  C  R  Q  L  Z  K
E  S  D  E  X  E  L  G  X  Z  O  H  A  G  P  A
S  Y  X  U  O  L  G  X  Z  O  H  A  G  P  A
S  P  Z  L  Q  R  A  R  O  X  O  F  Y  L  N  H
A  Q  L  B  E  A  E  E  O  F  P  F  A  G  R
B  G  V  U  D  M  Q  C  L  O  M  N  I  B  T
D  T  O  X  T  V  H  P  O  L  G  J  N  L  P
E  F  R  D  M  O  Z  N  U  V  E  K  M  X  R
R  Y  C  A  R  D  S  C  O  O  B  Y  D  O  O
F  T  F  I  M  E  U  E  O  C  X  E  D  F  E
T  E  T  O  I  P  D  B  X  T  C  Q  N  L  G
H  L  E  I  D  O  Y  I  N  R  H  O  D  V  J  O
L  E  D  P  N  G  R  K  U  I  Q  T  B  L
S  E  I  S  S  A  L  K  S  U  A  J  L  J  T
```

Gates of the Arctic National Park
(page 62)

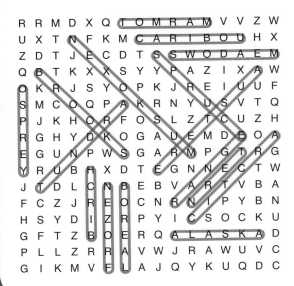

```
R  R  M  D  X  Q  T  O  M  R  A  M  V  V  Z  W
U  X  T  N  F  K  M  C  A  R  I  B  O  U  H  X
Z  D  T  J  E  C  D  T  S  S  W  O  D  A  E  M
Q  B  T  K  X  X  S  Y  Y  P  A  Z  I  X  A  W
O  K  R  J  S  Y  O  P  K  J  R  E  I  U  I  T
S  M  C  O  Q  P  A  K  R  N  Y  U  S  T  Q
P  J  K  H  O  R  F  O  S  L  Z  T  C  U  Z  H
R  G  H  Y  D  K  O  G  A  U  E  M  D  E  O  A
E  G  U  N  P  W  S  G  A  R  M  P  G  T  R  G
Y  R  U  B  H  X  D  T  E  G  N  N  E  C  T  W
J  T  D  L  C  N  B  V  A  R  T  V  B  A
F  C  Z  J  R  E  O  C  N  R  N  I  P  H  C
H  S  Y  D  I  Z  R  P  Y  I  C  S  O  C  K  U
G  F  T  Z  B  O  E  R  Q  A  L  A  S  K  A  D
P  L  L  Z  R  R  A  V  W  J  R  A  W  U  V  C
G  I  K  M  V  F  L  A  J  Q  Y  K  U  Q  D  C
```

Mountains
(page 66)

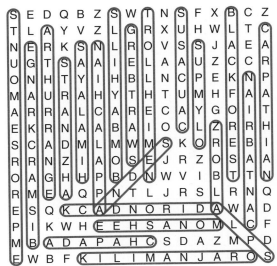

```
S  E  D  Q  B  Z  S  W  I  N  S  F  X  B  C  Z
T  L  A  Y  V  Z  L  G  R  X  U  H  W  L  T  C
N  U  E  R  K  S  N  L  R  O  V  A  N  J  E  A
U  G  N  T  S  A  A  I  L  I  E  L  S  U  Z  E  C  R
M  A  U  R  T  R  A  N  H  Y  C  A  R  E  F  A  P
A  E  R  R  A  N  A  A  B  A  I  O  I  H  A  A  T
S  C  A  D  N  Z  I  L  M  W  M  S  R  O  I  H
R  O  R  A  G  H  H  P  B  D  N  W  R  Z  O  N
R  M  E  A  Q  P  N  T  L  J  R  S  B  I  A  N
E  S  Q  K  C  A  D  N  O  R  I  D  A  W  A  D
P  I  K  W  H  E  E  H  S  A  N  O  M  L  C  F
M  B  A  D  A  P  A  H  C  S  D  A  Z  M  P  D
E  W  B  F  K  I  L  I  M  A  N  J  A  R  O  S
```

ANSWERS

It Takes Two
(page 68)

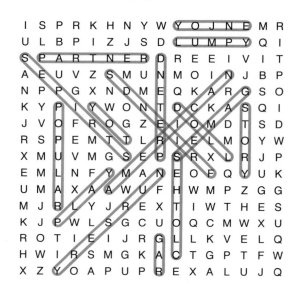

Raggedy Ann
(page 72)

Two-Word Place Names
(page 70)

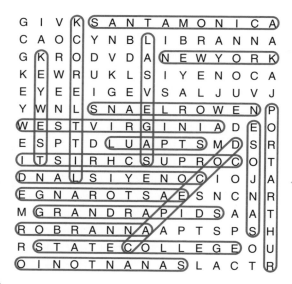

Yoga
(page 74)

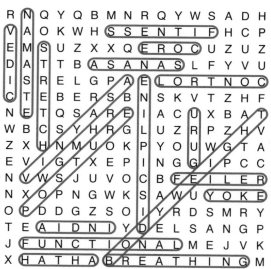

ANSWERS

Ameri-can
(page 76)

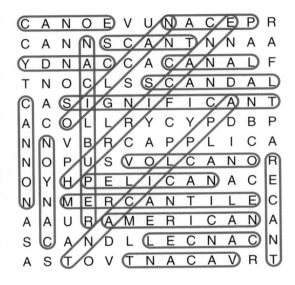

European Tour
(page 80)

S
(page 78)

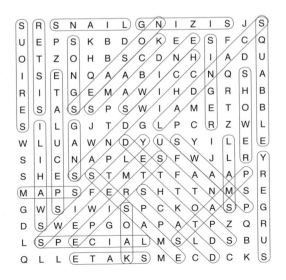

Call Bell
(page 82)

ANSWERS

Mindful Music
(page 84)

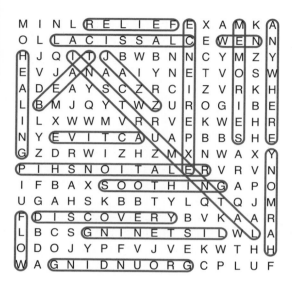

What's Your Sign?
(page 88)

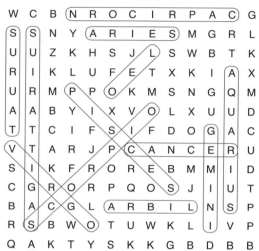

Midsummer Night's Dream
(page 86)

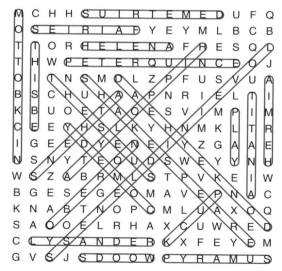

Best Animated Feature
(page 90)

ANSWERS

Cat Breeds
(page 92)

Rocking Horse
(page 96)

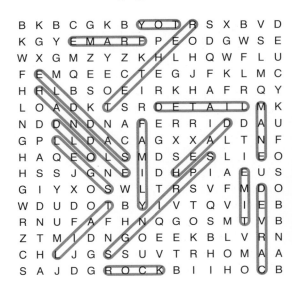

Place Names with A's
(page 94)

Boomerang
(page 98)

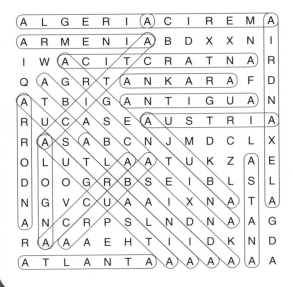

ANSWERS

Autumn
(page 100)

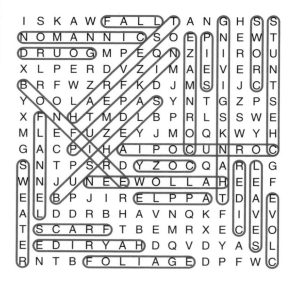

Up in the Sky
(page 104)

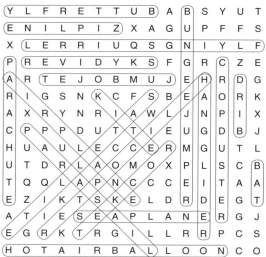

Movies from A to Z
(page 102)

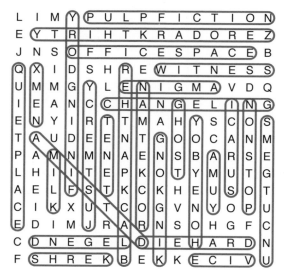

Olympic National Park
(page 106)

ANSWERS

Thimble
(page 108)

Summer ____
(page 112)

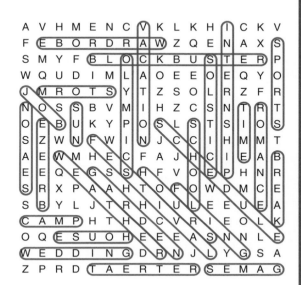

A to Z
(page 110)

European Capitals
(page 114)

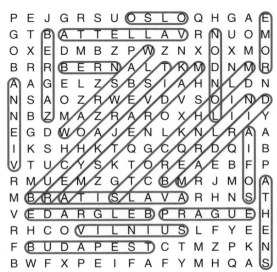

ANSWERS

Tea Kettle
(page 116)

```
L H Y W F X F B R E A K H N S D
U J M A M H K M A E G D R E F O
S H V T A L F D F U L C T Z J
V A O E E G P I S O U I W J C S
P A J R T U Y Z B E E O P O A H
T P W S S G R O I V H Y M J B B
T Q W W W N F J O X W O I J G H
P A V S E N F T S T R G G V T
P K S V E L S M Z Y B O Z W R V
B K D T K A T H C J W O L B L P
P A M E E A F S U A I C E D F P
U Z K L R S P X I R Z H M W O L
C T P E Q H M Z N H X F I U P W
H A L B I E M D U R W B B C M A
R A B Z S A E L D N A H R Q E T
X R G B V T X R Q I Q Z K L Q Z
```

Mythical Creatures
(page 120)

```
P E G A S U S P O L C Y C
O A S V Y G E R I P M A V
G S U R E B R E C N K O D
N S P M H B R I R H H F W
E N E R I S A O F Y F E N
K U G P C N C S Y F R G A
A Q E E V I O I I E I R Y
R U A T N E C T W L E N H
K X U U R I V O A M I A D
X M A T E O L X I U R S N
T F U I V F B H X P R L K
L S Y R Y N C N Y V Z M K
L G G E W D G Z O M B I E
```

Grimms' Fairy Tales
(page 118)

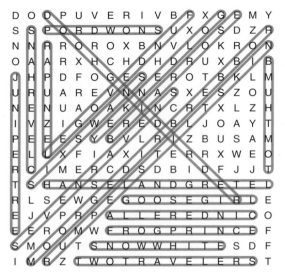

```
D O D P U V E R I V B F X G E M Y
S S P O R D W O N S U X O S D Z R
N N R R O R O X B N V L O K R O N
O A A R X H C H D H D R U X B I B
J H P D F O G E S E R O T B K L M
U R U A R E V N N A S X E S Z O U
N E N U A O A K I N C R T X L Z H
I V Z I G W E R E D B L J O A Y T
P E E E S Y B V L R I Z B U S A M
E L U X F I A X I T E R R X W E O
R C I M E R C D S D B I D F J J T
T S H A N S E L A N D G R E T E L
R L S E W G O O S E G I R L E
E J V R P A L L E R E D N I O O
E E R O M W F R O G P R I N C E F
S M O U T S N O W W H I T E S D F
I M B Z T W O T R A V E L E R S T
```

R Names
(page 122)

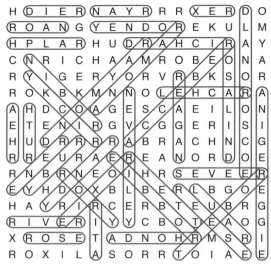

```
H D I E R N A Y R R R X E R D O
R O A N G Y E N D O R E K U L M
H P L A R H U D R A H C I R A Y
C N R I C H A A M R O B E O N A
R Y I G E R Y O R V R B K S O R
R O K B K M N N O L E H C A R R
A H D C O A G E S C A E I L O N
E T E N I R G V C G G E R I S O
H U D R R R R A B R A C H N C G
R E U R A E R E A N O R D O E I
R N B R N E O I H R S E V E R R
E Y H D O X B L B E R L B G O E
H A Y R I R C E R B T E U B R G
R I V E R I Y Y C B O T E A G I
X R O S E T A D N O H R M S R I
R O X I L A S O R R T O I A E E
```

186

ANSWERS

Baking
(page 124)

On the Water
(page 128)

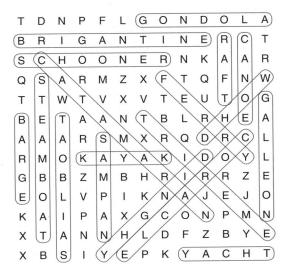

Jennifer, Jenny, or Jennie
(page 126)

Call Me James
(page 130)

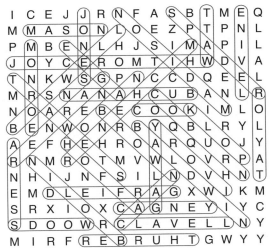

ANSWERS

Moms on TV
(page 132)

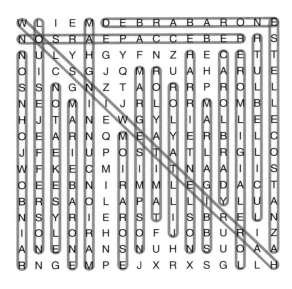

Roman Rulers
(page 136)

It's a Promise
(page 134)

Famous Garys
(page 138)

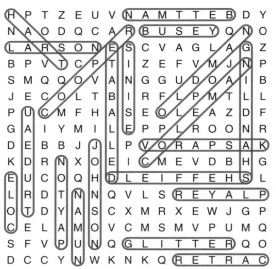

ANSWERS

Movie Ticket
(page 140)

Summer in Foreign Languages
(page 144)

Mindful Art
(page 142)

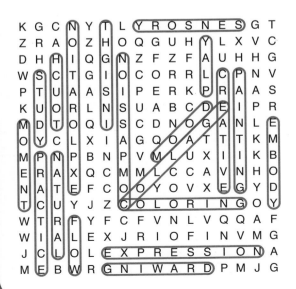

Sources of Protein
(page 146)

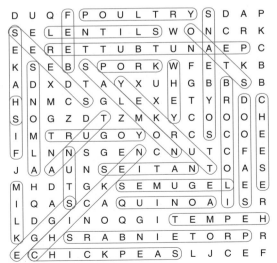

ANSWERS

13 Original States
(page 148)

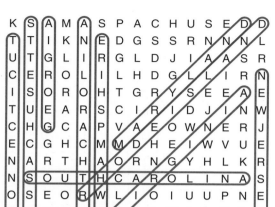

Biscayne National Park
(page 152)

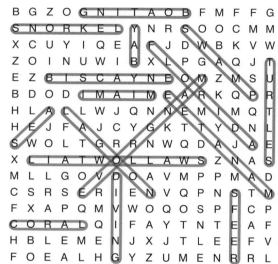

Greek Mythology
(page 150)

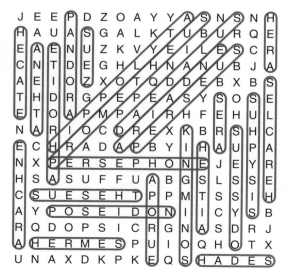

Japanese Onsens
(page 154)

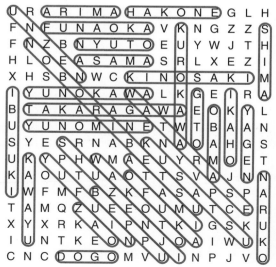

ANSWERS

Space
(page 156)

```
L X L Q L R T D R T T P F U N R
F R N Y D L F L R U H L L K L A
S R A T S F H N O O M A L C N T
A R B X R A S A U Q U N T O S E
N V L Y O N D B S Z U E I Y I N
D I A S T E R O I D L T F M R G
E P C N G O R J N U A U R W R A
Y E K O D Q R P U L S A R I O M
A T H N M R H B L X V W N O M E
W I O E M E O E I J F U E O C F
Y L L U I D T M V T F A P N W H
K L E T P S W W E N N E B U L A
L E U R N E C Y Y D G A L A X Y
I T A T O N S U N L Q A G G U D B
M A C N U B I S U P E R N O V A
Z S A A D F E T I R O E T E M W
```

Rolling Pin
(page 160)

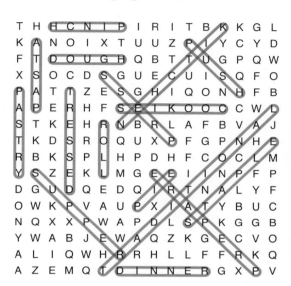

Easy Come, Easy Go
(page 158)

J
(page 162)

ANSWERS

Words Containing USA
(page 164)

TV Set
(page 168)

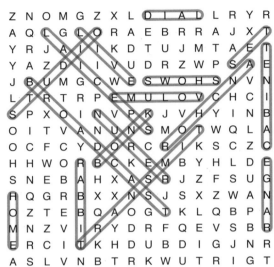

South America
(page 166)

Rhymes with Summer
(page 170)